Cleití Gé ón mBlascaod Mór

Seán agus Tomás Ó Criomhthain

In eagar ag
PÁDRAIG Ó FIANNACHTA

An Sagart
An Daingean
1997

ISBN 1 870684 71 0

Clár

Réamhrá

AN tAthair Parthalán Ó Troithe a thug dom na scríbhinní le Seán Ó Criomhthain agus lena athair Tomás atá in eagar anseo. Fuair seisean iad ó chomhleacaí nárbh fhios dó cad ba cheart a dhéanamh leo. Bhíodar i seilbh an Athar Pádraig de Barra agus is léir go raibh seisean ag iarraidh go gcuirfeadh An Gúm i gcló iad. Níl sé i gceist agam dul sa tóir ar ainmneacha na ndaoine a bhfuil a gcéadlitreacha nótaithe le cuid de na haistí seo. Tá litir sínithe ón "Oifigeach Foillsiúchán" go dtí an tAthair Pádraig de Barra faoin dáta "2adh Aibreán 1936" i gcló anseo inár ndiaidh, agus tuairisc léitheora An Ghúim ar an aiste *Captaen an Droichbhirt*, agus an chéad leathanach de leagan cóirithe an Athar de Barra. Is dócha go raibh sé i gceist ag an Athair de Barra, P de B mar a b'fhearr aithne air, go bhfoilseofaí na haistí seo go léir le cabhair An Ghúim. Tá duilleog i measc na bpáipéar ina bhfuil comhaireamh déanta ar na focail ar gach leathanach de *An tOileán gan Bád* agus an t-iomlán suimithe — 2,257.

Fuaireas tuairisc ar P de B ó bheirt a mhúin sé agus a raibh anmheas acu air, an tAthair Ó Troithe, a chuir na cáipéisí seo chugam mar atá ráite agus atá ina shagart paróiste anois i Mainistir na Corann, agus an tAthair Roibeard Ford atá ina shagart paróiste i gCillín an Chrónáin (Freemount). Bhíodar araon mar dhaltaí aige i gColáiste Cholmáin, Mainistir Fhear Maighe, agus mhúin sé an Ghaeilge go cruthanta dóibh agus thug an-chion uirthi dóibh chomh maith. Rugadh P de B i gCarraig Tuathail in 1904, fuair meánoideachas i gColáiste Cholmáin, chuaigh go Maigh Nuad in 1922. Fuair BA sa Léann Ceilteach ansiúd agus bhuaigh Scoláireacht Theach an ArdMhéara an bhliain chéanna, 1925. Oirníodh ina shagart é in 1929 agus ceapadh ar fhoireann Choláiste Cholmáin é an fómhar sin, mar reachtaire go 1935 agus ansin mar ollamh le Gaeilge; mhúin sé an teanga le flosc agus le fuinneamh agus thug eolas leathan ar an litríocht dá dhaltaí chomh maith. D'éiligh sé caighdeán ard — ní bhíodh fáilte ina ranganna roimh éinne ná faigheadh 90% i scrúdú poiblí. Is minic a thug sé 10 leathanach den Duinníneach le bheith réidh don lá arna mháireach dá rang. Bhí sé dian ar féin agus ar a dhaltaí agus gheibheadh a rang sármharcanna sa Mheán- agus san Ard-Teistiméireacht. Bhí sé ina leasuachtarán ar an gcoláiste ó 1941 go 1948. Dhein sé staidéar ar an bhfile Dáibhí de Barra a bhfuil a lán dá lámhscríbhinní i leabharlann an choláiste agus bhí sé i gceist aige eagar a chur ar a chuid fhilíochta go léir. Bhí sraith aistí ag baint leis sin aige sa *Lóchrann* agus roinnt mhaith den fhilíocht in eagar iontu. Dála an

Éin-ḟreaġra ar an liṫir seo is mar
seo ba ċóir é sṫiúraḋ :—
Any reply to this communication
should be addressed to :—

An tOifiġeaċ Foillsiúċán,
Brainnse na bFoillsiúċán,
Sráid Maoilḃriġde,
Baile Áṫa Cliaṫ, C.8.

(fé'n uiṁir seo:—)
(and the following number quoted:—)

saorstát éireann

Brainnse na bFoillsiúċán,
An Roinn Oideaċais,
Sráid Maoilḃriġde,
Baile Áṫa Cliaṫ, C.8.

2aḋ Aibreán, 1936.

233/575.

An taṫair Pádruig de Barra,
Coláiste Colmáin,
Mainistir Fearmuiġe,
Co. Corcaiġe.

A Aṫair, a Ċara,

Cuirtear ṫar n-ais ċuġat leis seo an sgéal san "Captaen
an Broċ-Bairt" a fríoċaḋ uait le déiḋeanaiġe, maille le cóip
be ṫuarasobáil a fuaramar ó'n ár léiġṫeóir ar an tsaoṫar, ċun
eolais buit.

Mise, le meas,

Seán Mac Lellan
Oifiġeaċ Foillsiúċán.

CAPTAEN AN BROĊ-BAIRT
────────────

Is mór an slaċt agus an feabas a ċuir an taṫair
Pádruig de Barra ar innsint an scéil seo, agus má
ċóiriġeann sé an ċuid eile ben ónuasaċ ar an sguma
sgéabna ní misbe a ráḋ leis gur féidir na scéilíní
bo ġlacaḋ.

Niḋ naċ iongna tá an-ċuid canaṁnaċais sa Ġaeḋilg.
Cuir i gcás an reaṁ-focal "be", ní bóiġ liom go
bFuil sé sa ċáinnt in aor aca sa Blascaoḋ, aċ "bo" i
sgóṁnaiḋe.   Níor misbe "(be)" bo ċur isteaċ i ṅbiaiḋ
"bo" le linn eagarṫóireaċta.   Agus a lán rubas eile
ben tsórt san níor misbe ṁíniú bo ċur leo.

vi

[Le Seán Ó Criomhthain, an Blascaod Mór, Daingean] ①

Captaen an Droch-bhirt.

Sa tsean-aimsir, nuair a bhí na báid móra
go flúirseach timcheall na háite, ní rachadh aon lá breá ar an bhfaraige
ná go mbíodh luċt na mara ag iascach gach sórt éisc le líonta nó le dorgaidhe; ac
ní bíodh aon cuimhneamh aca ar iascach na hoidhche, na aon
cur amach aca air, agus dar go deimhin níor bh'fhearra dóibh 'n
domhan é.   Bíodh an dreamnach aca chun gach sórt éisc; nuair
a bíodh na mairnéil ag rámhaidheacht is raighne a bíodh aca, bád
mór agus ochtar fear innte agus bád beag agus gan innte ac
ceathrar chun teacht timcheall ar an bhfaraige rámhaidheachta le ceann
den raighne agus annsan tarrac chun a céile.   Is minic go mbíodh
oiread éisc fá raighne is nár bh'fhéidir leis an dá árus é 'thabhairt
abhaile leo is gur bh'éigin dóibh é 'sgaoileadh leis an muir arís.   Má
bheadh ceal fir ar an gcaptaen ghlaodhfadh sé ar an ngarsún agus thabharfadh
leath-tsion fir dó.   [Annsan nuair ná bíodh an t-iasg ag rámhaidheacht,
ná aon tsúil leis, bíodh fearas eile aca agus 'sé fearas é sin ná
dorgha agus dubhán agus baoite chun éisc gharbh do mharbhú leis.
Bíodh an dorgha tathadh feadh ar fad é: é déanta de chadás; trí
feadh eile de tharra cnáibe ceangailte do, agus dá dhubhán agus dá
lorna ceangailte do ran — agus geallaim-se dhuit nach an tuathal
a bíodh an fearas san aca.
del. par. —————— Ní leigfeadh an captaen aon fhear isteach 'na bhád ná
bheadh an fearas ceart san aige, agus é beith go maith aige.
"Dorgha" an ainm a leanann an fearas go léir agus is minic
a bhí dá dorgha ag'r gach fear le h-eagla go gcaillfeadh sé ceann
aca nó go rachadh sé i ngreim agus go mbrisfeadh sé é.
        Bíodh cuid den ghrinn ana-iongantach ar na dorgaidhe;
is minic go mb'fhearr fear ná ochtar mar, nuair a bíonn an t-iasg
garbh ag breith ar na dorgaidhe, bíonn riad tamall aníos ó thóin an
phuill agus mara mbeadh an drónga ceart agat ní mór aca a bheadh
ag dul ar do dhubhán.   Sé an ainm a tugaidís ar an dtreo
ceart ná an "drónga", sé sin, an airde sin feadh ó thóin an phuill;
trí feadh uaireanta, nó b'fhéidir aon fheadh amháin; ac nuair a

scéil scríobh sé don *Irisleabhar* in 1923 agus in 1925 agus é i Maigh Nuad.

Bhí an-spéis aige san iománaíocht agus i lúthchleasa agus thraenáileadh sé na foirne sa choláiste agus is iomaí cupa agus trófae a buadh faoina stiúir. Ní raibh fuinneog na bialainne riamh gan cupa nó a leithéid lena linn. D'imríodh sé féin chomh maith le fear agus thugadh sé cnag ar chnag. Bhíodh sé ag traenáil na córach leis sa choláiste agus ina dhiaidh sin bhí córacha bríomhara aige sna paróistí ina raibh sé.

Thosaigh sé ag dul don Bhlascaod agus é ina mhac léinn agus lean air ag dul ann ar feadh na mblianta. Scríobhann Máire Ní Ghuithín faoi in *Bean an Oileáin* lch 85:

Chaith an tAthair Pádraig de Barra ó Chorcaigh cuid mhaith dá shaol san oileán. Bhí sé ag teacht ag foghlaim na Gaelainne ann blianta sara raibh sé ina shagart in aon chor. Tháinig sé tar éis a bheith ina shagart agus is mó faoistine a d'éist sé agus aifreann a d'ofráil sé sa scoil, an Sáipéal a bhíodh againn. Sagart deas cuideachtúil, seoidh, neafaiseach, fiorghaelach ab ea é. Bhí Gaelainn aige chomh maith le haoinne ón oileán. Lean sé caradas ar mhuintir an oileáin tar éis iad a aistriú go Dún Chaoin. Bhí sé i nDún Chaoin in Iúil 1975 (*recte* 1974) agus bhí sé chun teacht arís i mí Lúnasa. Ach fuair sé bás i mí Dheireadh Fómhair na bliana san. Guímid méadú ar a ghlóire ar Neamh agus go raibh na gáirí geala céanna ann mar a bhíodh ar an dtalamh.

Ag tagairt don chaint sin cuireann an tAthair Ford ceist air féin, n'fheadar an aithneodh cuid dá iardhaltaí ''an sagart seoidh neafaiseach . . .'' Bhraith a lán daoine idir óg agus aosta go raibh sé ábhar stuacach ceanndána, ach ar ndóigh is minic a dhaortar duine san éagóir. Inseann an sagart céanna faoi eachtra beag a tharla ina rang Meánteistiméireachta an chéad lá tar éis saoire an tsamhraidh, an chéad rang le P de B. Chuir sé féin an cheist go caráistiúil air: ''Aon scéal ós na Blascaodaí?'' Ba gheall le míorúilt é! Chrom sé ar chur síos iomlán a thabhairt ar an tsaoire aoibhinn a bhí aige san Oileán. D'inis sé scéal leis a d'fhan i gcuimhne an bhuachalla riamh ó shin. Fad a bhí sé san Oileán tháinig cailín óg chuige a dúirt go raibh cuairteoir ón iasacht a bhí an-saibhir tite i ngrá léi agus gur theastaigh uaidh í a phósadh. Bhí seisean saibhir agus bhí a muintir dealbh agus ba mhór an chabhair é dá tuismitheoirí dá bpósfadh sí é, ach ní raibh sí i ngrá leis. Chomhairligh an sagart di gan é a phósadh mura raibh sí go mór i ngrá leis, ach dá mba ghá é, dul go Meiriceá mar a raibh a lán dá muintir agus go bhféachfadh Dia ar a muintir. Mhúscail caint P de B spéis an dalta sa Bhlascaod, i nDún Chaoin agus i mBaile an

Fheirtéaraigh; maireann an spéis sin fós. Chuala sé i bhfad na haimsire críoch an scéil faoin gcailín óg úd nuair a chuala sé an teachtaireacht taifeadta a chuir sí abhaile óna clochar go dtí an cuairteoir saibhir úd Seoirse Mac Thomáis timpeall leathchéad bliain ina dhiaidh sin.

Is cuimhin leis an Athair Roibeard scéal eile a d'inis P de B faoin mBlascaod, ar an lá céanna, b'fhéidir. Cuairteoir saibhir éigin eile a raibh trua aige do na hoileánaigh bhochta, dar leis, agus gur chuir sé roinnt tonnaí plúir isteach chucu. Sé a dheineadar leis an bplúr ná é a thabhairt do na muca. Chuala mo dhuine é sin agus níor thug turas riamh ó shin.

Bhíodh na focail ''mé féin is mo rothar'' ar a bhéal go minic ag P de B. ''Nuair a bhí sé ina shagart óg'' a deir an tAthair Ó Troithe, ''chaitheadh sé a laethanta saoire ar rothar agus thaistil sé an tír ar fad agus an Bhreatain Bheag agus Alba chomh maith. Bhí ceamara maith aige don am sin agus thóg sé pictiúirí maithe i ngach áit inar chuartaigh sé.'' Is cuimhin liom féin nuair a ceapadh mé i mo shagart cúnta i bPwllheli i Sir Gaernarfon in 1953, gurb í an chéad cheist geall leis a cuireadh orm ná an raibh aithne agam ar an Athair Pádraig de Barra a thagadh go minic go dtí an paróiste lánBhreatnach sin ag déanamh uanaíochta ar an sagart ann. Chaitheas a admháil ná raibh.

Ceapadh ina shagart cúnta in Eochaill é in 1948; ina shagart paróiste i gCluain Droichid in Eanáir 1956, agus i gCill Ia 19 Meán Fómhair 1965. Chuaigh sé ar scor óna dhiansaothar uile 4 Meán Fómhair 1974. Agus ait mar a tharla, bhuaileas féin ar dhoras an tí ina raibh sé á chur sin in iúl don Easpag an lá sin in Eochaill agus mé ar mo chamachuarda do Ghlór na nGael. Ní rabhas ag caint leis riamh ach chonac uaim é ag oíche cheoil agus siamsaíochta san Hilltop Hotel in Eochaill timpeall an ama sin. Cailleadh é 5 Deireadh Fómhair 1974. Méadú ar a ghlóir sna Flaithis. Is cloch ar a leachtsan chomh maith le leacht na beirte údar a scríobh an fáltas seo an leabhar seo.

Eagar neamhghnách atá á chur agam ar na haistí seo, agus go deimhin ní mhaím gurb é an modh is fearr eagarthóireachta é mar chomh luath agus a scarann tú leis an gcaighdeán leanann guagacht. Maithfear dom tá súil agam. Leanaim an litriú nua de ghnáth ach déanaim iarracht ar an gcanúint a thabhairt slán. Tóg an forainm réamhfhoclach ó *chuig*. Leanaim an litriú caighdeánach de ghnáth mar go bhfuil taithí anois ar na foirmeacha sin a scríobh go caighdeánach ach a léamh go canúnach. Ach uaireanta feictear foirmeacha ó *chuig* mar a mbeadh súil agat le *faoi* (*fé* anso) e.g. *chúichi* lch 175, 213, *fuadar* (*chúca* LS) *chúthu* 145. Foirm ar aon dul leis an bhforainm réamhfhoclach a bhíonn sa LS i gcás a lán réamhfhocal e.g. *ar, ag* (seachas le hainm briathartha). Scríobhaim *ar* ach leanaim an LS i gcás *ag* mar gur rómhinic a chloisim fiú cainteoirí maithe ag léamh *ag* mar a scríobhtar é in áit mar a deirtear é. Anois arís déanaim *sa, sna* de *ansa, insa.* Féach go mbíonn *sa* san iolra ar uairibh e.g. *sa báid,* 183, 199. N'fheadar an é an nós scríofa faoi deara *dá, dhá, do* in áit *á, a* go minic. Scríobhaim *á, a* mar mhalairt anois agus arís. Báitear agus ní scríobhtar sa LS gutaí go minic ag deireadh focail, nó uair fhánach ag a thús; scríobhaim iadsan ach i gcás *'riúnach* agus ar uairibh *'na.* Mar an gcéanna leis an mírín coibhneasta agus an fhoirm *a* de réamhfhocal, scríobhaim iad ar uairibh. Scríobhaim *de* ar son na soiléire nuair is é is ceart. Bá an-suimiúil atá in *go dtí tigh féin* i.e. *go dtí do thigh féin* 87. Fágaim an guta tacair ar lár de ghnáth agus sin leis i gcomhfhocail e.g. *seanbhean.*

Is minic *-e* ag Seán mar a mbeadh súil le *-í* san iolra e.g. *buachaille* 95, 97, 107; *cúirime* 131, *neóiminte* 173 (cf. *mochóire* 183). B'fhéidir gurb é ainm Béarla na litreach faoi deara é seo; scríobhaim *-í.*

Foirm eisceachtúil den bhriathar *clois* is ea *chlosaigh* 67. Is í an ghné is aistí den bhriathar do chuid dár léitheoirí, b'fhéidir, ná a mhinice a úsáidtear *ní, ná, go* in áit *níor, nár, gur* e.g. *ní chuir* 33, 45; *ní bhraitheadar* 33; *ná leigeadar* 45; *ní bhuail* 49; *go dheacair* 41; *ní bhféidir* 49; (agus *nár go phós* 89).

Maidir le cónaisc, tá sé le tabhairt faoi deara gur *féin mar* is gnáthaí in áit *fé mar* e.g. 37, 43, 49, 51, 65.

D'ainneoin na cainte seo faoi mhionphointí, bain taitneamh as na haistí seo agus léigh an bhunscríbhinn más í sin do rogha. Is dócha nach i gcónaí a dheineas féin an léamh ceart ar a raibh romham. Is fusa dá lán inniu an leagan clóite a léamh ach tá pléisiúr ar leith ag baint le peannaireacht an údair a léamh nuair a théann tú ina taithí. Ní healaí dom aon ní a rá faoin mbeirt údar cháiliúil, Tomás Ó Criomhthain ar uaidh an chéad aiste agus a mhac Seán a bhreac an chuid eile. Cur síos ar chuid dá shinsir atá ag Tomás. Tá *nuascéalaíocht,* mar ar deirimse, béaloideas agus seanchas spéisiúil ina aistí ag Seán.

I gcás ár gclasaicí móra, is dóigh liom gur chóir go mbeadh radharc ag scoláirí, agus acusan ar spéis leo a leithéid, ar bhunscríbhinn na n-údar. Taispeánfaidh an fháilte, nó a malairt, a chuirfear roimh an leabhar seo an bhfuil bonn faoin tuairim sin agam. "The Oileánach more or less", mar a dúirt an té dúirt é, agus "The Allagar more or less" atá ar fáil sna heagráin a foilsíodh go dtí seo de chlasaicí Thomáis Uí Chriomhthain. Ní inseann an ceamara bréag agus nár bhreá dá mbeadh fótastat soláimhsithe den bhunscríbhinn ar fáil sa dá chás a luas. Ansin a bheadh fhios agaibh, a léitheoirí géarchúiseacha, cad a bhíonn ar siúl ag eagar-thóirí! Is minic a bhain duine slat a bhuailfeadh é féin agus is dócha gurb é a dhála sin agamsa é.

Tá súil agam gur breis bheag eile le leabharlann an Bhlascaoid an cnuasach seo de chleití gé. Cuirim os comhair an tsaoil é le barr measa ar na scríbhneoirí, beannacht Dé leo, i gcuimhne an tsagairt dhílis a chaomhnaigh iad, agus le buíochas don sagart a sheol i mo threo iad agus don sagart eile a chuir le m'eolas ar P de B, méadú ar a ghlóir.

Pádraig Ó Fiannachta

Tigh na Sagart
Daingean Uí Chúise
Lá 'le Íde, 15 Eanáir 1997.

Cleití Gé ón mBlascaod Mór

Ón mBlascaod

Tomás Ó Criomhthain an tOileánach.

do scríobh, Deire Fóm: 1934:

Rómhar a n'aprossojal do bí táij a n'dúnéasom go psib-mór éerseph, mac sinn szuy mzean siméen. Do Gjerö no mǒöhac do Gesó táó, do bí tiz erle szp an m-bséle z'césóna, go psib' sn murrpesp césóna snn. Do bí csozaó tiz erle szp sn mbsíle, a ó'césnnes sio sos tije-seo go psirb sn murrpesp mór sonzssnta. Do munnzp Cprooinésin an tjerb' erle seo go psirb' sn sesósep erle mac pósca súsp snn szup tnzean. Do bí sn dó tiz-seo szp son Wíníp siméen bslli-keen sinm sn bsíle seo, sn bsíle is ziopps do'n mblascsóó mór snso. Istiz.

An mac bs íinne dop m móöpsrij do bespcsij sé szp pósss, szup szup oubspsp sé le'n stspp go psirb a n'dáréisn snsa tiz á teamurs péin szup conznnsim besz etzin do óésmnsim súsp do të-innaiz szup go mbesó mattspep itee sip zén pó-msoill. szup ní péspsp liom áit go mberó tsmsll do'm ósozesl szim ná sn-ss-blascsóó Istiz speserean. le'n stspp.

Zan pó-msoill, do tiz sn tstspp bó bpeáij tsmne szup dsssson do'csorpe msiée do, senné do éespe go msié sep sn ótiz-seo szst msip nus psró biy speston tstspp lere, tstpn sós-ta speston mac. Do bí sn miéró sin go msié, ac bí a munnzp dsll póy có psirb' sé tun surde stoy msp níop tuz sé son psrsnéip ósirb póy csd do bí szp bun sipe, no csd é sn n'áit don dóimsn go psró sé tun tup pé.

Do bí bspnntjeobsó mná snso blascsóó, mór snss n'som-so szp na spsirb' bs bpeóts do bí súsp le'n a lénn, go psró Stubén kusó msp snm spiée, do bí bepe tnzean snci póéts súsp go msié, Iso Szérbiúsirl. — Slunn. dsómúinnee bésósó.

[An Mórdhach] Ón mBlascaod

(an dá fhocal sin ar bharr lgh 2, 3 agus 5 den LS *agus an chéad líne eile thíos chomh maith ar bharr lgh 2)*
Tomás Ó Criomhthain, an tOileánach do scríobh
Deireadh Fómhair 1934
(cliathánach: Aon sgéal amháin mo thuairim é seo)

ROIMIS an ndrochshaol do bhí tigh i nDún Chaoin go raibh mórsheisear mac ann agus iníon amháin. De threibh na Mórdhach dob ea iad. Do bhí tigh eile ar an mbaile gcéanna go raibh an muirear céanna ann. Do bhí caoga tigh eile ar an mbaile i dteannta an dá thí seo go raibh an muirear mór iontu. De mhuintir Chriomhthain an treibh eile seo go raibh an seachtar eile mac fásta suas ann agus iníon. Do bhí an dá thigh seo ar aon uimhir amháin. Bailícín ainm an bhaile seo, an baile is giorra don mBlascaod Mór anso istigh.

An mac ba shine des na Mórdhaigh, do bheartaigh sé ar phósadh, agus dúirt sé lena athair go raibh a ndóthain sa tigh á éamais féin agus cúnamh beag éigin do dhéanamh suas dó féinig agus go mbeadh malairt áite aige gan rómhoill. ''Agus ní fearr liom áit go mbeidh tamall dem' shaol agam ná sa Bhlascaod istigh,'' ar seisean lena athair. Gan rómhoill do thug an t-athair bó bhreá bhainne agus dosaen de chaoire mhaithe dhó. ''Sin é do cheart go maith as an dtigh seo agat, mair nó faigh bás,'' arsa an t-athair leis. ''Táim sásta,'' arsa an mac.

Do bhí an méid sin go maith, ach bhí a mhuintir dall fós cá raibh sé chun suí síos mar níor thug sé aon fhaisnéis dóibh fós cad do bhí ar bun aige, nó cad é an áit den domhan go raibh sé chun cur fé.

Do bhí baintreach mhná sa Bhlascaod Mhór san am so, ar na mnáibh ba bhreátha do bhí suas lena linn, go raibh Siobhán Rua mar ainm uirthi. Do bhí beirt iníon aici fásta suas go maith, iad scéimhiúil álainn dea-mhúinte béasach.

Ní rófhada gur chuir an Mórdhach óg scéala go dtí Siobhán cuntas do chur chuige féin má bheadh sí toilteanach leis féin do phósadh, go raibh sé ar fhaire an seanmhuintir d'fhágaint, mar go raibh a ndóthain acu á cheal féin, go raibh bó bhreá bhainne aige le tabhairt go dtí iad agus dosaen caorach.

"Is maith an chuid sin," arsa an bhean. "Tá dhá dhosaen caorach agus breis," ar sise, "tá féar dhá bhó agam agus an dá bhó ar an dtalamh agus gamhain maith," ar sise.

"Dar liom go bhfuil mo mhargadh ansan," arsa an fear.

"Má tá, bíodh," ar sise. "Nach mar sin is fearr é."

"Sea, níl gnó ag slimeadáil a thuilleadh againn," arsa an fear léi. "Tá bád agus criú ullamh réidh agus faigh thú féin réidh go mbeam ag cur an bhealaigh amach dínn, agus go mbeidh tosach an lae amáireach ó thuaidh againn go ragham go dtí an t-údar léannta."

Níor stadadar den ráib sin gur shroicheadar den ráib sin tigh na Mórdhach am suipéir le contráth na hoíche mar ar ghlacadar a scíth go dtí amáir[each]. Go lánmhoch ar maidin, do chuir an dream lena chéile agus níor stadadar nó gur bhaineadar amach Baile an Fheirtéaraigh mar a raibh cónaí ar an sagart. Do chrom an sagart agus iad san ar réiteach lena chéile, agus do fuair sé leor le punt ón dtaobh. Saol cráite cruaidh dob ea do bhí san am úd ar siúl.

Tar éis an tsaoil féin mar bhí, ní raibh an Mórdhach agus Siobhán Rua gan pósadh greanta flaithiúil do chur air i dtigh a athar amuigh go raibh a ndóthain de gach sórt fairsing agus flúirseach acu go dtí eadartha bó lá arna mháireach.

Ar dhul 'on oileán don mbeirt phósta, ní rabhadar sásta dul isteach gan oiread agus do bhí ag teacht go dtí an dtigh amuigh acu agus leis sin dob éigeant capall maith eile do thiomáint go dtí sráidbhaile an Bhuailtín. Do chuireadar an luach céanna ar an gcapall chun an oileáin san am agus do bhí chun an tí amuigh an oíche roime sin.

Ar shroistint thí an oileáin dóibh do bhí cruinniú maith ina thimpeall. Do fuair gach duine do bhí ann cuireadh chun na fleaithe, agus ba mhó na daoine do [bhí] le háireamh san oileán an t-am úd ná mar tá inniu. Mar sin féin, do bhí mórán flúirse agus rachmais istigh, ná mar a bhí amuigh. Do bhí coiníní ann go flúirseach, muc marbh acu, moilt agus caoire, leath dosaen gabhar. Ba phósadh é do fuair ardcháil agus creidiúint amuigh agus istigh, cé ná raibh mórthuairim dóibh gur mar sin do bheadh acu.

Sea, do bhí an Mórdhach agus a bhean chéile ag cur lena chéile go feillbhinn, iad acmhainneach láidir go maith, iad lándhualmharach chun gnótha do dhéanamh gan aon tuirse. Ardbhean oibre dob ea Siobhán; ba chomhluath i gcnoc is i dtráigh í, chun turainn agus carda í. Iad ag breith ar a ngreamanna go feillbhinn. Beirt de chailíní ag fás suas go maith i gcomhimeacht léi féinig. Do fuair an Mórdhach beart i mbád mór saighne, mar gan bád acu so san am úd den tsaol, ní mhairfeadh aon duine, dar ndóigh. Ansan do bhíodar i mbun a mbirt go feillmhaith. Fear teann láidir dob ea an Mórdhach óg so. Mícheál dob ainm dó. Fear gan tuirse gan leisce dob ea é, gan amhras.

Timċeall sé mí a's seaċt do ḃliantaiḃ do
ċaiṫ an Módhraċ ar a ṡástaċt ar fad
ansa naom gur ḃraiṫ sé cuid aca a ḋéanaṁ
Cror air anoir agus aníor. Agus mar
naċ lúaḋ fṗuiġ ná ṁáṫair an uile
a ḋeir S-F-aḋ, do ḃín nua aige an Módhraċ é.
Do ḃí mór-án do ḋaoine anoir agus
aníar lonnaiġṫe ḃrotċmiannaċ a ġcuid aca
ansion ḃ-ḟéadair gur raiḃ fear ḋúnċoin, é
féin an sprionnġa mallaiġṫe a teaċt ann
féin ċúmta. Ní ró-ḟada gur ṁaiṫ
leir an Módhraċ fáġḃáil a ḃeiṫ mar ċapt-
aen air ḃád mór na líonta, taréir gur
ḃeaṁluiġ do ḃronnaċ. Cion duinne air féin
nár ṁór aċ deiċ ṡgillinge do ṫug sé
aiste an ċéad lá. Lá dor na laeṫeannta, do
lár an tEarraġ go ḃarra an uisge, do ḃeo
le gaċ ḃád a cur na líonta isteaċ agus
a ḋoll a ḋ-treó ċum cuid don n-iasg
do ṁarḃú. Do ċuir ḃád aca cor mór ḋein
ċeall air agus do ṫóg lán an ḃáid do gan
mór ṁoill do ṫóg ḃád agus ḃáid eile tsor-
ċām ṁiarta do. Ní raiḃ an ḃád-so go raiḃ
an Módhraċ innte a d-treó an n-iasg ansa
n-aon go raiḃ an ṁarḃú air, agus aneas-
air ná raiḃ, níor tan aon splinc dá ċéill aige.
Ansion do ṫosaiġ na croġa ansa
ḃád go raiḃ an ċuid aige an Módhraċ ḋí, do
ċuir sé roimis na líonta, do ċuir amaċ
air ráċ-ḃeag gan mór ċuirt nó ḋeanaṁ.
Do ḃí tsoiḋe lḋair raḃarta ann an
t-am-so, do ḃí a g-cuma ar an ṡaoġal
do ċuir air ṫóin an ḟadll. Do ċuir an
ċuid ḃí mód' dor na fir. Cor a ḋeanna-
ta gan a ċoll do ṫaḃair do'n Módhraċ
ċum a leiġeant a ḃ-fearraige.

Timpeall a sé nó a seacht de bhlianta do chaith an Mórdhach ar a shástacht ar fad san am gur bhraith sé cuid acu ag déanamh cros air anois is arís. Agus mar nach lú fruigh ná máthair an oilc, a deir siad, dob in 'nua aige an Mórdhach é.

Do bhí mórán de dhaoine anoir agus aniar lonnaithe, drochmhianach i gcuid acu. Ansan b'fhéidir go raibh fear Dhún Chaoin é féin, an spionnadh mallaithe ag teacht ann féin chucu. Ní rófhada gur mhaith leis an Mórdhach a fháil a bheith mar chaptaen ar bhád mhór na líonta, tar éis gurb amhlaidh do bronnadh cion duine air féin, nár mhór ach deich scillinge do thug sé aisti an chéad lá. Lá des na laethanta, do las an t-iasc go barra an uisce. Dob sheo le gach bád ag cur na líonta isteach agus ag dul i dtreo chun cuid den iasc do mharú. Do chuir bád acu cor mórdtimpeall air agus do thóg lán an bháid de gan mórmhoill. Do thóg bád agus báid eile taoscáin mhaithe dhe. Ní raibh an bád so go raibh an Mórdhach inti i dtreo an éisc insan am go raibh an marú air, agus an uair ná raibh, níor fhan aon splinc dá chéill aige.

Ansan do thosnaigh na crosa insa bhád go raibh an chuid aige an Mórdhach di. Do chuir sé roimis na líonta do chur amach ar ráth bheag gan mórthoirt ná dealramh. Do bhí taoide láidir rabhartha ann an t-am so do bhí i gcumas an saighne do chur ar thóin an phoill. Do chuir an chuid ba mhó des na fir cos i dteannta gan a thoil do thabhairt don Mórdhach chun a ligeant i bhfarraige.

Ó'n mBlascaod

Mead, cé go raiḃ Cruit an ḃáid go léir a n-iasgaiḋ an ṁóḋraiġ do ḃéigeant ḋóiḃ géilleaḋ do ḟéiḋeirge agus a ċoil do ṫaḃairt dó, níor ḃ'ḟéidir do a ċosc do ċur ṫríd an mbád amaċ, agus í ḟásgḃáil ḃaidte ídir báḋ agus ḋuinne, ṗéar ḃuille ansċrīan ládair do ḃeaḋ é mallaiġṫe. Agus gaḃaig an ḋroiċ ḃraon do ḃeiṫ ann ba lán ṁeanmnac go gcaiṫṫí leigeant léi.

Do ṫóg an ṫsóirde ḃuille do ḃí an lása an báid, agus na líonta léi, air ndáir ċloiċe gé, fé ḋeire nuair ċuaiḋ an ċuid ba ṁó ḋe na líonta timpeall gloine ana-ípde air ċarraig ċloiċe, gur ḃéigeant an Sgian do ṫaḃairt air an leaṫ ba ṁó ḋóiḃ ton agus é sgaoile leis a muir.

Do ḃí an ċuid ba ṁó don mblian caiṫṫe anns an am-so, sé do ḃí bear a mallaint báid-aige an ṁóḋrac a gcóṁair na bliaḋna do ḃí ċúgainn, agus ansan amaċ do ḃí na ṫorḃá-naiġ agus an ṁóḋrac a n-iumbáiḋ le'n a ċéile, ní ró-ḟada na ḋiaiḋ seo go raiḃ an ḋroiċ-ṡaoġal a bagairt air gan a ḃeiṫ air Foiġnam ḃéiclé air gan a ḃeiṫ rómaiṫ, cruċán do ḃí an ḃliain-seo féin ann, mar a raiḃ smut ṫall agus abhus, is a ḃ'ḟaiḋ na ngéire do ḃí an ṁóḋrac agus muinntir a n-oileáin seo air mallaiġteact a ċroiḋ le'n a ċéile gaċ eile ló nac beag, an ċuid ba ṁóḋ aca a n-iasgaiḋ an ṁóḋraiġ, cé go raiḃ cuid ṁaiṫ dá ngaolta féin anns an n-oileán, sé do ḃí a n-iomarca d'on ḋroiċ-ṁeanmnaċ ann agus do ḃíoġeaḋar é ṡéanna a naiḋ an lae. Do ḃí mórán n-iġṫe a ḋoll a gcuinne an ṁóḋraiġ, mar do ḃíoḋ a n-iomarca anns ṁollaiġ air.

Sea, cé go raibh criú an bháid go léir in aghaidh an Mhórdhaigh, dob éigeant dóibh géilleadh dhó fé dheireadh agus a thoil do thabhairt dó, nó b'fhéidir dó a chos do chur thríd an mbád amach agus í fhágaint báite idir bhád agus dhuine. Fear buile antréan láidir dob ea é, mallaithe, agus toisc an drochbhraoin do bheith ann, ba lánmhinic go gcaití ligeant leis.

Do thóg an taoide bhuile do bhí an lá so an bád agus na líonta léi, ar nós cleite gé, fé dheireadh, nó gur chuaigh an chuid ba mhó des na líonta tirim glan in airde ar charraig chloiche, gurbh éigeant an scian do thabhairt ar an leath ba mhó den líon agus é scaoileadh leis an muir.

Do bhí an chuid ba mhó den mbliain caite san am so, ach do bhí beart i malairt báid aige an Mórdhach i gcomhair na bliana do bhí chugainn, agus as so amach do bhí na hoileánaigh agus an Mórdhach in iombháidh lena chéile. Ní rófhada ina dhiaidh seo go raibh an drochshaol ag bagairt ar gan a bheith ar fónamh. Bhí cló air gan a bheith rómhaith. Creacháin do bhí an bhliain seo féin ann, mara raibh smut thall agus abhus. Is i bhfaid is i ngéire do bhí an Mórdhach agus muintir an oileáin seo ar mallaitheacht, ag troid lena chéile gach uile lá nach beag, an chuid ba mhó acu in aghaidh an Mhórdhaigh, cé go raibh cuid mhaith dá ghaolta féin san oileán, ach do bhí an iomarca den drochmhianach ann, agus do bhíodar á shéanadh in aghaidh an lae. Do bhí mórán nithe ag dul i gcoinne an Mhórdhaigh, mar do bhí an iomarca sa mhullaigh air.

Bí an mbóḋrsé agur eaṅnaṁ Capall air, is
olc do bí sé s ꞁcumaꞁ a ꞁmóta óó. Déaṅnaṁ
a éamuꞁ, tuꞁsc ꞁo mbróḋ sé ceaṅnaꞁte
smuċ a óċꞁz aċar do ꞁioꞁ air agur cóéċa
aóṁ air. Dó dearcaḋ sin, ba éearpuḃ leir
a beaċ a bꞁuꞁc leꞁann agur sluaóaó.
aꞁꞁion, do bé ló an mꞁꞁazaꞁꞁ an ṁóaóll ba
móó do bí le beaċ air.

Deaó do cáinꞁó an lá, agur ní ꞁaꞁb
an mbóꞁréa a bꞁaó a tabáꞁꞁc a éuꞁꞁuꞁ.
Do cáinꞁo sé do bí an cóéċꞁa leir aꞁze.

Láꞁ bꞁꞁaó Capall aꞁze sé ní ꞁaꞁb
an Capall ꞁó óꞁor air. Céꞁꞁo ꞁúꞁꞁc beaó-
luꞁé, maꞁ to anꞁa ꞁꞁꞁom féé láꞁꞁꞁꞁ, ba móꞁ
an boꞁꞁ do Capall agur cóéċa óóċꞁꞁꞁ a
beaċ a bꞁaċ air ꞁꞁꞁuꞁcaꞁꞁꞁe beaꞁ ꞁuꞁꞁ.

Deaó do cáinꞁó ꞁo bí an ꞁ óileaṅ aꞁ
obaꞁꞁ air a céꞁꞁó bí óó ꞁꞁꞁꞁcꞁꞁeaó a
ꞁꞁꞁꞁꞁoṁaéꞁ leir, is a óċꞁꞁz an mbóꞁꞁꞁꞁ
do ꞁꞁaóeaóaꞁ éuꞁꞁ tuꞁaꞁꞁ, agur do tuꞁ-
eaóaꞁ ꞁꞁꞁ lá aꞁ obaꞁꞁ aꞁꞁꞁ, maꞁ do bí ꞁloꞁꞁa
móꞁ bꞁéaóe le óeaꞁꞁꞁaṁ aꞁꞁꞁ. Deaó do
bꞁoll an mbóꞁréa a óċaꞁꞁꞁ leó agur do bꞁo-
óar sáꞁca ꞁo maꞁċ le céꞁꞁe. Do ċeaꞁ an mbóꞁ-
réa o bí an ꞁꞁꞁꞁconnꞁa có bꞁꞁꞁꞁꞁꞁ agur beaóar
óo ꞁoll a ꞁꞁeall air uallaċ móna leir an láꞁ
óeꞁꞁꞁꞁz, ní ꞁaꞁb sé an maꞁꞁꞁaṁ óeaꞁꞁꞁa
aꞁꞁꞁ.euꞁꞁ do léꞁm an Capall ó ċꞁoóóóuꞁꞁꞁꞁ, a
anꞁa ċꞁoꞁanꞁáꞁꞁꞁꞁ, aꞁꞁꞁó air an ꞁꞁꞁoꞁꞁc do
bí fébuꞁ na tꞁꞁꞁeꞁꞁoꞁ muꞁꞁe le ꞁꞁóoll ꞁo
óéꞁꞁꞁ aꞁꞁꞁꞁon mbóꞁréa leir, muꞁꞁe tuꞁꞁ a ꞁꞁaó sion
agur óia aó aꞁꞁꞁeaꞁꞁꞁꞁc aꞁꞁꞁꞁon táꞁꞁꞁuꞁꞁ cꞁꞁꞁon-
na-óobí iꞁꞁꞁz—ꞁo ꞁaꞁb ꞁꞁann maꞁꞁ aꞁꞁꞁꞁ bꞁéaóe
aꞁꞁ, sé níoꞁ cuꞁꞁze an pocal aꞁ a beaꞁꞁaꞁꞁꞁe ní
do bí an láꞁ bꞁꞁaó Capall ċóꞁ anꞁa ċuꞁꞁꞁ maꞁꞁ
agur óáóca. Do bꞁꞁꞁꞁ né óꞁoꞁꞁꞁꞁꞁꞁꞁaꞁꞁé

Do bhí an Mórdhach agus easnamh capaill air. Is olc a bhí sé i gcumas a ghnótha do dhéanamh á éamais, toisc go mbíodh sé ceangailte amuigh i dtigh a athar de shíor as agus céachta adhmaid air. Dá dheascaibh sin, ba shearbh leis a bheith ag bruic le rann agus sluasad. Ansan, dob é lá an mhargaidh an mhoill ba mhó do bhí le bheith air.

Sea, do tháinig an lá, agus ní raibh an Mórdhach i bhfad ag tabhairt a thurais. Do tháinig sé. Do bhí an céachta leis aige. Láir bhréa chapaill aige, ach ní raibh an capall ródhaor air, cheithre puint beagluach, mar tá insan am fé láthair. Ba mhaith an bonn dó capall agus céachta seachas a bheith ag braith ar phriocaille bheag rainn.

Sea, do tháinig [táilliúir] go dtí an oileán ag obair ar a cheird. Bhí dhá phrintíseach in éineacht leis. Is i dtigh an Mhórdhaigh do stadadar chun tosaigh, agus do thugadar trí lá ag obair ann, mar do bhí píosa mór bréide le déanamh ann. Sea, do dhíol an Mórdhach a dtáille leo agus do bhíodar sásta go maith le chéile. Do cheap an Mórdhach ó bhí an tráthnóna chomh breá gurbh fhearra dhó dul ag triall ar ualach móna leis an láir dheirg. Ní raibh ach an machnamh déanta an uair do léim an capall ó taobh an dorais, é insa cosa in airde, aghaidh ar an ngort do bhí fé bhun an tí síos. "Mhuise, le faill go dtéir,'' arsa an Mórdhach leis.

"Mhuise, tusa á rá san agus Dia ad' fhreagairt,'' arsa an táilliúir críonna do bhí istigh go raibh Glann mar ainm bréige air, ach níor thúisce an focal as a bhéal ráite ná do bhí an láir bhréa chapaill thíos sa chuas marbh agus báite. Dob in é drochmhianach!

13

Sin mar do fuair an Mórdhach 'bharra an chabaire chríonna táilliúra do bhí ar an dtinteán aige, agus (agus) a chapall breá leis an bhfaill agus báite aige an seanscolóig liath le barr drochmhianaigh ina theannta san. Do cheap gach nduine do chualaigh an scéal gurb é an rud do bhí aige le déanamh ná breith ar chosa agus ar cheann ar na táilliúirí agus iad do chaitheamh síos ar dhroim a chéile insan áit go raibh an capall marbh báite ag an dteallaire do thug an drochghuí uaidh, agus fiú amháin agus nár chros í. Ach cé go raibh an Mórdhach ar buile agus nár lig sé air é, do cheap na daoine ná beadh a fhios go deo cad é an áit go raibh an Mórdhach beartaithe ar an seantháilliúir liath do chur ó threoir.

Sea, do bhí an Domhnach le bheith chugainn amáireach. Dúirt na daoine gur cheap an seantháilliúir ná beadh aon phioc den mhaidean amáireach beo aige féinig. Do ghlaoigh an táilliúir fear den bhaile chun dul ag labhairt ina pháirt i dtaobh an Mhórdhaigh, cara don Mórdhach.

"Cá bhfios duit," arsa an cara le fear an chapaill, "má thit an ghuí amach féin, nach mó rud nach í sin nár thit amach riamh ina dhiaidh sin. Maith don (don)duine bhocht."

"Dhera, a dhuine," arsa an Mórdhach, "níl aon mhilleán agamsa ar an nduine bocht, nár rud gan choinne leis dob ea an sórt san. Agus dá mbeadh fiacha an chapaill i gcomhair an chéad Shathairn eile," arsa an Mórdhach, "agam, níor mhór an mhoill agam ceann eile do thiomáint go dtí an áit seo acu", ar seisean.

"Tá a leithéid seo agamsa," arsa Glann, "£5 phuint. Is tusa an fear is ferarr stuif agus mianach dá

bhfeaca-sa riamh,'' arsa Glann.

"Ó, ní fada do bheidh so uait," arsa an Mórdhach.

"Bronnaim ort suas é in ionad an chapaill do chuireas ód' threoir" arsa Glann. Do chuaigh an seantháilliúir agus a bheirt phrintíseach abhaile ar maidin Dé Domhnaigh. Turas gan choinne leis dob ea aiges na fearaibh bochta (dob ea) é, mar do bhí an drochcháil do bhí acu ó gach nduine do bhíodh ag caint go raibh an Mórdhach chun an triúr acu do smiotadh ar a chéile fé Dhomhnach. Ach is lánmhinic roime sin do thug an chomharsa duine mar an Mórdhach daor aige béal na ndaoine, agus gur thug Dia saor iad, moladh go deo leis.

An Satharn do bhí chugainn, do chuaigh an Mórdhach ar mhargadh an tSathairn. Do bhí capaill go flúirseach ann. Do bhídís gach Satharn ann toisc ná bíodh aon aonach ar siúl san am úd, ach an lá deireanach de gach seachtain de shíor.

Do bhain an Mórdhach an tOileán amach arís agus capall breá eile aige, agus do bhain sé obair agus gnó as, capall breá láidir aige, agus é fein go lánláidir. Ní rófhada ina dhiaidh seo gur bhris an aimsir agus gur líon na cuaiseanna isteach d'fheamnaigh bhuí go bruach gach cuasa, agus do bhíodar gan stad ná staon dhi nó go raibh deireadh an méid do bhí acu le cur leasaithe insan oileán go léir, nár mhór.

Ceann des na laethanta do thit ardbhruíon amach i gceann des na cuaiseanna, agus deineadh ardchosaint ar feadh i bhfad ar an Mórdhach. Cuas caol agus cosán caol thríd in airde. Cuas Dall is ainm dó [de] shíor.

(ar bharr an lgh An Mórdhach sa tsnámh) Iad so do bhí ag faire in airde ar bharra Chuas Dall agus clocha acu chun iad do chaitheamh leis ar ghabháil aníos dó, ní mar sin do thit amach. Do thugadar amús dó chun teacht ar barra agus caitheamh leis an uair do bheadh sé leathshlí aníos, caitheamh leis ansan. Ach ní mar síltear a bítear go minic, mar do chaith sé dhe anuas a chuid éadaigh, do cheangail ar ard a bhaithis é, do shnáimh an cuas amach, agus do tháinig isteach ar an dtaobh eile den gcuas, é sa tsiúl chun teacht suas leo so do bhí ag faire air. Éinne amháin do ghreamaigh sé ar láimh, ach do scaoil leis aríst é.

Do bhí tamall maith den mbliain fé shuaimhneas aige an Mórdhach, gan aon bhárthain acu féin á chur ar a chéile, nó go raibh am na gcaorach do bhearradh ag teacht suas. Bíd chomh greithileánach le haon am eile den mbliain san am so.

Pé scéal é, ní raibh an Mórdhach ar an bhfear deireadh do thug fén mbearrabóireacht, agus do chaith an lá go gnóthach leo agus do bhí á mbearradh nó go raibh déanaí an lae ag teacht air. San am so, dob é méid do bhí bearrtha aige ná chúig cinn déag des na moilt dob fhearr do bhí aige, ná insan Oileán le chéile mar ritheann sé. Sea, gnó maith tairbheach dob ea dó é.

Amáireach do bhí athrú gaoithe tagaithe, gaoth aniar agus í go striopach láidir. Dob ar an dtaobh theas do bhí an Mórdhach ag bearradh na gcaorach an lá do bhí sé á mbearradh. An cheád fhear do chuir a cheann i radharc an taoibh theas ar maidin, do chonaic sé caora bháite ar snámh.

Sea, an fear do chonaic an cheád chaora bháite ar maidin ón dtaobh theas mar an raibh an chóir ag teacht, do chonaic sé ceann agus ceann eile ina diaidh. Do bhí ceann ar cheann ag teacht air go hobann nó go raibh chúig cinn déag de mhoilt bháite gafa thairis. Do fuair an fear so amach gurb é seo an marc caorach do bhearraigh an Mórdhach an lá roime sin. Agus do rith sé abhaile leis an scéala do bhí aige, d'inis don Mórdhach an radharc do chonaic sé agus an mó caora bháite do ghaibh thairis agus breasal ar dhrom gach cinn acu.

"Is sin é an méid do bhearras ar maidin inné, formhór go raibh aon mhaith iontu," ar seisean. Ní dúirt an Mórdhach a thuilleadh, ní lú ná a thug sé tuairisc cá raibh sé ag dul, ná chun dul.

Dob éigeant éisteacht air agus an scéal d'fhágaint marbh riamh agus choíche, nó gur mhaith leis féin é. Is anall ó chathair mhór Chicago do chuir sé cuntas é a bheith. Dob olc an dream do dhein a leithéid d'eirleach. Do bhí deich bpuint sa litir aige do chuir sé anall, é ráite aige go mbeadh costas aige chun ceann (ceann) des na hógmhná i dtosach na biaiste. Do b'in fiche punt anall ó fhág sé an tOileán.

An uair do tháinig an t-am, do ligeadh an leasiníon anonn go dtí an Mórdhach. Do bhí ceann, do bhí an iníon eile ag Siobhán Rua aige baile fós, Bailícín amuigh gurbh as an Mórdhach. Do é tigh na gCriomhthanach an tigh eile go raibh an seachtar eile mac ann. Gan rómhoill, do thug Siobhán Rua cliamhain isteach chun a hiníne, an mac ba shine acu, Dónall Mac Criomhthain. (Dob é seo an)

Do béarfá an fear óg ba mhócáil suas do b'fhéidir go raibh ceart air feadóir air do bí a bpáirtíste drúnchaoín. Do bí ceathrar clainne size, le inzean Ghrubáin, agus níor labhair faoi seasm le nó le Domhnall mac Cruimtéin, an fíard do mhaireasar agus p'Oileán-do riamh ó thom, an fíard do mhaireasar do bí easriméar Dé seo mórla go deóláis. Innsean go guir thé an mórísé féin bun sgrbonn an Csérsirrn.

Tomás ó Cruimtéin
An Torleansé.

Dob é seo an fear óg ba mhó cáil agus dob fhearr go raibh teist ar fheabhas air do bhí i bparóiste Dhún Chaoin. Do bhí ceathrar clainne aige le iníon Shiobhán. Agus níor labhradh focal searbh léi, ná le Dónall Mac Críomhthain, an fhaid do mhaireadar san oileán so riamh ó shin. An fhaid do mhaireadar do bhí suaimhneas Dé acu, moladh go deo leis. Inseann so gurb é an Mórdhach féin bun agus barr an achrainn.

TOMÁS Ó CRIOMHTHAIN
An tOileánach

An Píobaire Sídhe

Seán ó Gríomhthain
Blascaod Mór
Dún Caoínn Daingean,
Co. Ciarraíghe.

1, Com Dhíneoil

Tamall maith ó shoin, nuair a bíodh rínnce 7 caitheamh aimsire air na Crois-bóithre gach Domhnach 7 lá saoire. Do bí buachaill óg láidir ceadhnadh na Comhnáide i g-Com uí-nol an nuair sin agus ní raibh aon teacht anuas air le n-feabhas do Rinnceóir. Do réir gach Cúnntais atá na taobh ní raibh aon fear le fágháil a thabharfadh an craobh uaidh, 7 is mó duine a deir ná raibh aon chaoi air é chur fé Cois aon nuair a bheadh píobaire ag seinn do. Tá sé ráite mar gheall air nár stad sé do rínnce no go stopfadh an ceól air fúigh. Níl aon poraisde na go mbíodh áit Com Rínnce ann ach is aig an g-Crosaire a bíodh sé Coitheanta 7 an fear anoir is an fear aniar ag stad ann. Is minic a tugadh an buachaill reim-ráit seo agam gead go malairt poraisde 7 má tugadh thugadh sé an scuab a bhaile leis. Deir daoine go n-dubhairt sé féin nár bhféidir é a Chur fé Cois aon nuair a bheadh píobaire ag seinm ceóil do. Bí rinnceoirí maithe in's gach áit an nuair úgad 7 iad féin ag formad lé céile 7 a d'iarraidh an fir mhaith a seimirt air a céile, 7 deir na daoine aosta ata ann anois gur mo buachaill breágh a chaill a shláinnte mar gheall air an rínnce ceódhna. Tánaig lá aonaigh in Daingean Uí Cúise 7 tug mo buachaill rúigh lé Cúram éigin ann, ach nuair a bí sé ag teacht abhaile tráthnóna do bhuail buachaille poraisde Mórdhach leis 7 caitheadar sealainge air má bí sé Có maith 7 a bí teist air a bheith air an g-Carraig

An Píopaire Sí

Seán Ó Criomhthain
Blascaod Mór, Dún Chaoin,
Daingean, Co. Chiarraí

TAMALL maith ó shin, nuair a bhíodh rince agus
caitheamh aimsire ar na croisbhóithre gach Domhnach
agus lá saoire, do bhí buachaill óg láidir ceolmhar ina
chónaí i gComíneol* an uair sin, agus ní raibh aon
teacht anuas air lena fheabhas de rinceoir. Do réir gach
cuntais atá ina thaobh, ní raibh aon fhear le fáil a
thabharfadh an chraobh uaidh, agus is mó duine a deir
ná raibh aon chaoi ar é a chur fé chois aon uair a
bheadh píopaire ag seimint dó. Tá sé ráite mar gheall
air nár stad sé de rince nó go stopfadh an ceol ar dtúis.

Níl aon pharóiste ná go mbíodh áit chun rince ann,
ach is ag an gcrosaire a bhíodh sé coitianta, agus an
fear anoir is an fear aniar ag stad ann. Is minic a
thugadh an buachaill réamhráite seo agam geábh go
malairt paróiste, agus má thugadh, thugadh sé an svae
abhaile leis. Deir daoine go ndúirt sé féin nárbh fhéidir
é a chur fé chois aon uair a bheadh píopaire ag seimint
cheoil dó. Bhí rinceoirí maithe ins gach áit an uair úd,
agus iad féin ag formad le chéile agus a d'iarraidh an
fhir mhaith a dh'imirt ar a chéile, agus deir na daoine
aosta atá ann anois gur mó buachaill breá a chaill a
shláinte mar gheall ar an rince céanna.

Tháinig lá aonaigh i nDaingean Uí Chúise, agus thug
mo bhuachaill turas le cúram éigin ann, ach nuair a bhí
sé ag teacht abhaile tráthnóna, do bhuail buachaillí
Pharóiste Mórdhach leis agus chaitheadar sealainge air,
má bhí sé chomh maith is a bhí teist air, a bheith ar an
gCarraig

* *Nóta:* leg. Com Dhineoil *ar chlé ag barr.*

ar a dó a chlog amáireach má bíonn
meas aige ar a chuid rinnce go bríoghmhar ó
an áit seo mbeadh triall aige air féin. Sin
mar bí ní labhair mo bhuachaill focal as
a bhéal, ach cur go abhaile. Nuair a thánaig
an mhaidean fuair mo bhuachaill ollamh é féin
thánaig go dtí an tuifrean agus d'éist é.
Nuair a bhí sin déanta aige buaileann an
bóthar ó thuaidh 7 stad ná staonadh ní dhéinean
sé no go sroichean baile 'n fheur ceatharaigh mar a
mbíonn duine muinntrea dó. Cuiread fáilte
roimis 7 cuiread chun bíd é go capaidh, ach nuair
a bhíodar ag caitheamh an bhíd cur an fear
thuaidh ceist air, cá raibh fáth a thurus indiu
má ba mhiste dó é fiafhraidhe dó. Dubhairt
sé nár mhiste ag innsint dó thríd síos gach
ar tharla lá an aonaigh. An mar sin é arsa
an fear thuaidh 7 dar nodh ná fuil an turus
sin ró fada dhuit-se indiu chun dul i
teach. Is cuma liom arsa an bhuachaill
má bím ann roimis a dó chlog beadh luath
mo dhóthain. Ní cuma liomsa mar sin é
arsa an fear uile ós rud é gur caithead
an tSealainge ort caithfear é sheanamh. Sin
nós a bhí ann a Chonntaetha an nuair úd
aon duine go gcaithfaidhe Sealainge air
mar a sheanóc sé sód beadh náire go deó
aige. Fuair fear an tighe a chapall ba
chuir 7 as go bráth. Leig sé déin na Cairrge
an bhfuil aon eagla ort arsa an fear
thuaidh leis. Níl aon eagla orm airseisean
ach aon amháin 7 sé eagla é sin eagla
nach aon Píobaire a bheidh a seimint dúinn
is dóigh liom ach níl fios ceart agamsa
é arsa an fear uile ná go Píobaire
a bheidh ag seimint mdiu ann.

ar a dó a chlog amáireach; má bhí aon mheas aige ar a chuid rince, go b'shiúd é an áit go mbeadh triail aige air féin.

Sin mar bhí. Ní labhair mo bhuachaill focal as a bhéal, ach cur de abhaile. Nuair a tháinig an mhaidin, fuair mo bhuachaill ullamh é féin. Tháinig go dtí an Aifreann agus d'éist é. Nuair a bhí san déanta aige, buaileann an bóthar ó thuaidh, agus stad ná staonadh ní dheineann sé nó go sroitheann Baile an Fheirtéaraigh, mar a mbíonn duine muinteartha dó.

Cuireadh fáilte roimis, agus cuireadh chun bídh é go tapaidh, ach nuair a bhíodar ag caitheamh an bhídh, chuir an fear thuaidh ceist air cá raibh fáth a thurais inniu, má ba mhiste dó é fhiafraí de. Dúirt sé nár mhiste, ag insint dó tríd síos gach ar tharla lá an aonaigh.

"An mar sin é," arsa an fear thuaidh, "agus, dar ndóigh, ná fuil an turas san rófhada duitse inniu chun dul agus teacht?"

"Is cuma liom," arsa an buachaill. "Má bhím ann roimis a dó a chlog, bead luath mo dhóthaint."

"Ní cuma liomsa mar sin é," arsa an fear eile. "Ós rud é gur caitheadh an tsealainge ort, caithfear é a sheasamh."

Sin nós a bhí an-choitianta an uair úd, éinne go gcaithfí sealainge air, mara seasódh sé fód, bheadh náire go deo aige. Fuair fear an tí a chapall agus a chairt, agus as go brách leo fé dhéin na Carraige.

"An bhfuil aon eagla ort?" arsa an fear thuaidh leis. "Níl aon eagla orm," air seisean, "ach aon amháin, agus sé eagla é sin, eagla nach aon phíopaire a bheidh ag seimint dúinn."

"Is dóigh liom, ach níl a fhiosa ceart agamsa é," arsa an fear eile, "ná go píopaire a bheidh ag seimint inniu ann."

má bíonn píobaire ann air seisean ná bíod
aon eagla ort am taobh sa ná go mbeid
an fear mait agam. ní fada ar fad a bíog
sé uaca dul air an g-Carraig 7 nuair a
Cuadar mar a raib an Cuacalán sé
an Céad fear a Connacadar ná an Píobaire
7 é ag Cur a Cuid Píopaidí i bfeappas. tánaig
lán bó do Gróice dom buacaill bocc 7 tánaig
sé go dtí na duine muinntira 7 dúbairt
sé ley gan aon eagla a beit air na taob
féin anoy tá an fear mait agam 7 gan b
beit agam. Cuaid na gnát Rinntí air siúbal
7 tugadar tamall mait da n-deanam, ac
fé Ceann tamaill do labair Saigeap grize
a bí ann go raib ampap mait age ap féin.
bíod-sa i n-daingean Uí Cúise in dé air seisean
7 do buail an buacaill úgad ó Com-Uí-Nóle
liom 7 Caitear Sealainge air Cuin a beit
ann. so indiu Cum baia Rinnce a Sapam
am Coinne 7 níl tos agam ann-so no ar
é. táim-se annso arra fear Com-Uí-Nóle
7 tá dá míle déag do bótar Cupta agam
díom fé'd bráid 7 ná tugad sé igan fíor
ort ná go n-geobair lé fánaid 7 gan puinn
meap agat ort féinig. bí an taom suap
7 Caitfead gat aoinne uile fueatt siap.
bíod Cúla Rúnác ann do beirt fear
Cum a Céile triall. Cuiread an Cúla na
Seapam gan mór niaoill 7 tugad orrau do
fear Posaiste módpac a beit anairge
7 an Céad bota a beit age. do Cuaid
7 do seinn an Píobaire go séim 7 go milis,
a Popt an Popt go n-glaonn siad "Cois leapa"
air 7 an té ná bead aon rinnce na Copa
Caitfead sé utamáil éigin a dean ani bí
an Píobaire Có Cneápta san.

28

"Má bhíonn píopaire ann," ar seisean, "ná bíodh aon eagla ort im' thaobhsa ná go mbeidh an fear maith agam."

Ní fada ar fad a thóg sé uathu dul ar an gCarraig, agus nuair a chuadar mar a raibh an comhthalán, sé an chéad fhear a chonacadar ná an píopaire agus é ag cur a chuid píopaí i bhfearas. Tháinig lán bó de chroí dom' bhuachaill bocht, agus tháinig sé go dtína dhuine muinteartha, agus dúirt sé leis gan aon eagla a bheith air ina thaobh féin anois. "Tá an fear maith agam ach gan é bheith agam."

Chuaigh na gnáthrincí ar siúl agus thugadar tamall maith á ndéanamh, ach fé cheann tamaill, do labhair saghas gaige a bhí ann go raibh amhras maith aige as féin.

"Bhíos-sa i nDaingean Uí Chúise inné," ar seisean, "agus do bhuail an buachaill úd ó Chomíneol liom, agus chaitheas sealainge air chun a bheith anso inniu chun babhta rince a sheasamh im' choinne, agus níl a fhios agam ann-so nó as é."

"Táimse anso," arsa fear Chomíneol, "agus tá dhá mhíle dhéag de bhóthar curtha agam díom féd' bhráid, agus ná tagadh sé i gan fhios ort ná go ngeobhair le fánaidh, agus gan puinn measa agat ort féinig."

Bhí an t-am suas agus chaithfeadh gach éinne eile fanacht siar. Bhíodh comhla 'riúnach ann do bheirt fhear chun a chéile a thriail. Cuireadh an chomhla ina seasamh gan mórmhoill agus tugadh ordú d'fhear Pharóiste Mórdhach a bheith in airde agus an chéad bhabhta a bheith aige. Do chuaigh, agus do sheim an píopaire go séimh agus go milis a phort, an port go nglaonn siad "Cois Leasa" air, agus an té ná beadh aon rince ina chosa, chaithfeadh sé útamáil éigin a dhéanamh, bhí an píopaire chomh cneasta san.

Gníomhuigh fear próiste mórdhách a bhocadh go
sleachtmhar, ach ní raibh sonach déanta aige
nuair a bhí fear Com'uí nóle anairde 7 a bhoca
féin dá chur do aige. Nuair a bhí a cheart déan-
ta aige. Chuaid an fear uile anairde arís
ach má chuaid ní thánaig an buachaill aniar
anuas, dúbhairt sé le fear poraiste mórdhách ná
raibh aon stad aige féin le déanamh no go scop-
fadh an ceól air d-túis. Sin mar bí aca an
beirt le chéile air aon steip aniam gan stad
ná sraonadh 7 an t-sluach go léir ag moladh fir
na g-áice thuaidh 7 gan Gníoscaíde bric a luain
le fear Dún Chaoin ann ach a dhuinne muinc-
ra féin. Tugadar dá uair a chloig le chéile
air an n-zóta son, ach sar a rabadar suas
slán béirean don bhfear thuaidh thubairt suas.
Seadh anois airseisean le buachaill Com'uí nóle
ceapas ná raibh aon fear beo a chuirfeadh
anuas don g-chúla me í'm poraiste féin),
ach do réir zach mairice, thá ort ta sé
fuip. Nuair a thánaig an fear chuid anuas
do scop an piobaire, ach ba dhuinne a bháich
fear Com'uí nó é. Dá leanfad an píobaire
air leis an g-ceól bainnse fós ag bualadh
cláir airseisean, ach Cóimh anois ná fuil
fear, 'bporaiste mórdhách atá inónan cláir
do sheasamh liom, ach sar a dtiocfad anuas
an bhfuill sé rá agam líb nuair a rachad
go dtí am muinntir féin zor thugas an
sguaba uaib go macánta. D'freagair an
píobaire é 7 dúbhairt go mbeadh sé féin
mar féinnéidh aige air an ló indiu pé
áit do thalaim an domain go mbeadh sé.
Bí an ló chart 7 bí zach n-duinne ag cappadh
air a bhótar féin, mar chaithfeadh na Cailíní
a bheith aige baile chum na mba do Chrú
an nuair ugadh zach tráthnóna dómhnaigh.

Chríochnaigh fear Pharóiste Mórdhach a bhabhta go slachtmhar, ach ní raibh san ach déanta aige nuair a bhí fear Chomíneol in airde agus a bhabhta féin á chur de aige. Nuair a bhí a cheart déanta aige, chuaigh an fear eile in airde aríst, ach má chuaigh, ní tháinig an buachaill aniar anuas. Dúirt sé le fear Pharóiste Mórdhach ná raibh aon stad aige féin le déanamh nó go stopfadh an ceol ar dtúis. Sin mar a bhí acu, an bheirt le chéile ar aon steip amháin gan stad ná staonadh, agus an tslua go léir ag moladh fir na háite thuaidh agus gan Críostaí Mhic an Luain le fear Dhún Chaoin ann ach a dhuine muinteartha féin. Thugadar dhá uair an chloig le chéile ar an ngotha san, ach sara rabhadar suas slán, b'éigeant don bhfear thuaidh tabhairt suas.

"Sea, anois," ar seisean le buachaill Chomíneol, "cheapas ná raibh aon fhear beo a chuirfeadh anuas den gcomhla mé im' pharóiste féin, ach do réir gach tuairisce atá ort, tá sé fíor."

Nuair a tháinig an fear thuaidh anuas, do stop an píopaire, ach sé caint a chaith fear Chomíneol, "Dá leanfadh an píopaire air leis an gceol, bheinnse fós ag bualadh cláir," ar seisean, "ach cím anois ná fuil fear i bParóiste Mórdhach atá in ann cláir do sheasamh liom. Ach sara dtiocfad anuas, an bhfuil sé [le] rá agam libh, nuair a raghad go dtím' mhuintir féin gur thugas an svae uaibh go macánta?"

D'fhreagair an píopaire é agus dúirt go mbeadh sé féin mar fhinné aige ar an lá inniu, pé áit de thalamh an domhain go mbeadh sé.

Bhí an lá thart agus bhí gach nduine ag tarrac ar a bhothán féin, mar chaithfeadh na cailíní a bheith aige baile chun na mba do chrú an uair úd gach tráthnóna Domhnaigh.

Do ghluais mo buacaill i néinfeacht le na daoine Muintrea 7 ní bhfacadar an bóthar ag cainnt 7 ag innsint dá chéile 7 go mór mór nuair a bí an fear uasal Cupia lé cois aige. Tánadar go baile an fheircheakaig 7 má tánadar ní raibh aon dul aige gabáil siar gan deoch cul a béit aige. Ólach í go maith 7 nuair a bí sí ólta fuaireadh an capall arís 7 cuireadh a dtuaidh go Ceapún é. Sé sin an teapa atá lé Dún Caoinn 7 lé Porcaiste an fheircheakaig. Slán 7 beannacht ugat anoif arsa an fear uasal leis ag cosad a baile. D'fág buacaill an Chóma slán 7 beannacht aige chó maith 7 tug agaidh aig a tig féin. Ní raibh deabhadh ná dintheas cad chuige go mbeadh ná raibh an grian gan dul a bhfairrige fós 7 tsiúrnoua bhreagh aige 7 cá raibh Cúpann aige baile. Bí sé ag ghomáil leis go réidh socair no go dtánaig sé go dtí bárra chuas na g. Cluip atá aip an mbótar idir Dún Caoinn 7 an taom. Tá tobar breagh fíor uisge tamall síos arsa chuas 7 teidheann gach aon duine go mbíonn tort aip síos ann ag ól deoc. Sin mar bí aige Seo leis tuaid sé síos chun deoc a béit aige 7 do bí, ach nuair a tóg sé a ceann as an drobar tuigeadh do go raibh an píopaire ag seiminc go Seinm an ait eigin timiceall, ac ní chuir sé mórán suime ann mar tuigeadh dó gur na chuapa a bí fuaim na bpíopaide ó madan sead ar Seirean leis féim s ait liom iad a béit chó Seiléar 7 atáid siad. Bí ait ana mhóibin tíos arsa chuas 7 da ana ghnátac le buacaille dul síos ann nuair a bheadh untriar, ar cul a bhfairrige bíod sé chó múdin siar a buit tíos aip na leacáca bhreatha a bí ann.

Do ghluais mo bhuachaill in éineacht lena dhuine muinteartha, agus ní bhraitheadar an bóthar ag caint agus ag insint dá chéile, go mórmhór nuair a bhí an fear thuaidh curtha fé chois aige. Thánadar go Baile an Fheirtéaraigh, agus má thánadar, ní raibh aon dul aige gabháil siar gan deoch tae a bheith aige. Óladh í go milis, agus, nuair a bhí sí ólta, fuaireadh an capall aríst agus cuireadh aduaidh go Ceathrú é. Sé sin an teora atá le Dún Chaoin agus le Paróiste an Fheirtéaraigh.

"Slán agus beannacht agat anois," arsa an fear thuaidh leis, ag casadh abhaile.

D'fhág buachaill an Choma slán agus beannacht aige chomh maith, agus thug aghaidh ar a thigh féin. Ní raibh deabhadh ná deithneas [air]. Cad chuige go mbeadh? Ná raibh an ghrian gan dul i bhfarraige fós, tráthnóna breá aige, agus cá raibh a chúram aige baile? Bhí sé ag gliomáil leis go righin socair nó go dtáinig sé go dtí barra Chuas na gColúr atá ar an mbóthar idir Dún Chaoin agus an Com. Tá tobar breá fíoruisce tamall síos insa Chuas agus téann gach aon duine go mbíonn tart air síos ann ag ól deoch. Sin mar a bhí aige seo leis, chuaigh sé síos chun deoch a bheith aige, agus do bhí, ach nuair a thóg sé a cheann as an dtobar, tuigeadh dó go raibh an píopaire ag seimint go séimh in áit éigin timpeall. Ach ní chuir sé mórán suime ann, mar tuigeadh dó gur ina chluasa a bhí fuaim na bpíopaí ó mhaidean.

"Sea, mhuise," ar seisean leis féin, "is ait liom iad a bheith chomh soiléir agus atáid siad."

Bhí áit an-aoibhinn thíos insa Chuas agus is [da *infra*] an-ghnáthach le buachaillí dul síos ann nuair a bheadh an ghrian ag dul i bhfarraige, bhíodh sé chomh hálainn sin a bheith thíos ar na leacacha breátha a bhí ann.

Bí fuaim na bpíopaíde na Cluasa có mór
san gor buailead speac naignead go raib
sé ag seimint síos ampa cuas. Ní raib
sé sásta gan dul go Radarc an Clodaig
7 tos a buis aige an Ruid faic ann. Má
cuaid sé un céad Ruid gor lug a súil
aip ná píopaire 7 é ag seimint go meanaic
do féin leis an ngrein aoibinn a bí ag tean-
eam aip 7 gan aoine beo ann ac é féin.
Có luat 7 do connaic mo buacaill é síos
leis agus ní labaram focal ac léime aip an
leic ba giorra don bpíopaire 7 túbairt
féin Rinnce go luaimneac lá dair. Stad
ná staonnad níor dinn se, ac nuair
a connaic an píopaire ná raib aon
meas aip stop aige stad sé féin don
3-ceol. Dfeac an buacaill aip 7 dúbairt
leis leanúmaint aip ná raib sé féin gruoc-
ta fos ná go fada go mbead. Sé sin
a cídim appa an píopaire 7 tá aon níde
amáin agampa lé rá leat-sa anoir.
Nuair a Radair abaile ná dinn aon maoill
ac bainnt díoc anuar 7 dul don leab-
aig agus lá 7 bliain a caiteam innti
no mar a ndeanfair é sin sian
uaig do leabaig. Nác ait an cainnt
í sin agat appa an buacaill no un
amlaid ná fuillim ag feacaint Ro mait
duit. Níl mo cuid cainnt-se ait ná
níl aon níde bun ar cionn leat-sa
ac apéad.

34

Bhí fuaim na bpíopaí ina chluasa chomh mór san gur buaileadh isteach ina aigne go raibh sé ag seimint thíos insa Chuas. Ní raibh sé sásta gan dul go radharc an chladaigh agus a fhios a bheith aige an raibh faic ann. Má chuaigh, sé an chéad rud gur luigh a shúil air ná píopaire agus é ag seimint go meidhreach dó féin leis an ngréin aoibhinn a bhí ag taitneamh air, agus gan éinne beo ann ach é féin. Chomh luath agus do chonaic mo bhuachaill é, síos leis agus ní labhrann focal, ach léimeadh ar an leic ba ghiorra don bpíopaire agus tabhairt fén rince go luaimneach láidir. Stad ná staonadh níor dhein sé, ach nuair a chonaic an píopaire ná raibh aon mheá ar stop aige, stad sé féin den gceol. D'fhéach an buachaill air agus dúirt leis leanúint air, ná raibh sé féin traochta fós, ná go fada go mbeadh.

"Sé sin a chím," arsa an píopaire, "agus tá aon ní amháin agamsa le rá leatsa anois. Nuair a raghair abhaile, ná dein aon mhoill, ach baint díot anuas agus dul don leabaidh agus lá agus bliain a chaitheamh inti, nó mara ndéanfair é sin, sí an uaigh do leabaidh."

"Nach ait an chaint í sin agat," arsa an buachaill, "nó an amhlaidh ná fuilim ag féachaint rómhaith dhuit?"

"Níl mo chuid cainte-se ait, ná níl aon ní bun os cionn leatsa ach an oiread.

ać ná fuil fios agat go bfuil a lán rudaí aice
ag imteać tríd an saol so. ać clois cad
táim-se á rá leat. Cloisim tu go mait
ać cunntas a caitfead sa bliain gan rinn-
ce. tabair lá 7 bliain innti 7 tabair an
méid sin a deanann air do cluais ná
bainn le haon bota uile rinnce a
deanann an faid 7 inairfair. Beid iong-
antas air a lán daoinne cad fén near
buit a beit ag ciomfead na leapa ać
air do cluais ná innfe cé sciupaig tu.
bí ag imteać leat anois 7 go néiríge
an tráćnona leat. Tánaig mo buacaill
abaile 7 tóg a leabaig 7 tug lá 7 bliain
uirti. gać aoinne á rá go raib máćaill
fáca uige'n rinnce air. bí a cainnt
féin aige's gać aoinne go raib sé rómait
cuige 7 gor briste aicint ná ritead leis.
Tánaig an sagart cuige aimsair na
Cásca 7 bí sé féin 7 an sagart ag cup
trí na céile ać dinnis sé do cunnas
mar bí 7 ce'n bonn go raib sé sa
leabaid có fada. ú arra an sagart
fear é sin a bí air mait leat 7
fear gor gearaid é do gaol leis, ać fág
an leabaig 7 téidre ag obair féin mar
ba gnát leat, ać sar a bfacagod. sa
an áit seo caitfair é geallamaint
dom ná deanfair aon bota rinnce
go bráć arist. Do geall sé do.
7 ní feacaig aoinne ag rinnce riam ó sin é.

Ach ná fuil a fhios agat go bhfuil a lán rudaí aite ag imeacht tríd an saol so? Ach clois cad táimse á rá leat.''

"Cloisim tú go maith, ach conas a chaithfeadsa bliain gan rince?''

"Tabhair lá agus bliain inti, agus tar éis an méid sin a dhéanamh ar do chluais, ná bain le haon bhabhta eile rince a dhéanamh an fhaid a mhairfir. Beidh iontas ar a lán daoine cad fé ndeár dhuit a bheith ag coimeád na leapa, ach ar do chluais, ná inse cé stiúraigh thú. Bí ag imeacht leat anois, agus go n-éirí an tráthnóna leat.''

Tháinig mo bhuachaill abhaile agus thóg a leabaidh agus thug lá agus bliain uirthi, gach duine á rá go raibh máchail fágtha aige an rince air. Bhí a chaint féin aiges gach éinne, go raibh sé rómhaith chuige agus gurbh fhuirist aithint ná rithfeadh leis. Tháinig an sagart chuige aimsir na Cásca, agus bhí sé féin agus an sagart ag cur trína chéile, ach d'inis sé dó conas mar a bhí agus cén bonn go raibh sé sa leabaidh chomh fada.

"Á,'' arsa an sagart, "fear é sin a bhí ar mhaithe leat, agus fear gur gairid é do ghaol leis, ach fág an leabaidh agus téire ag obair féin mar ba ghnáth leat. Ach sara bhfágfadsa an áit seo, caithfir é a gheallúint dom ná déanfair aon bhabhta rince go brách aríst.''

Do gheall sé dó, agus ní fheacaigh éinne ag rince riamh ó shin é.

Seán ó Gaoithín, Blascaod Mór
Dún Caoin, Daingean Uí Chúise
Co. Chiarraighe

Púicín an Úil. 28. 9. '34.

Innis tuaid ortha an innis go bhfuilim chun
tagairt di anois. Tá sí na luíghe ar an
d-taobh tuaid don mblascaod 7 sin é an
fá go n-ghaotar uirthe an ainim tuas.
Oileán gan caladh yeadh í ac amáin lá Gaoin
go féidir leat dul a d-tír ar leac shleamhain
atá innti. Tá seana áitreabh innti agus rian
ar an 3-cloich go raibh daoine ag maireachtaint
innti suim mhór bliadhant ó shoin. Ac níl fios
ceart aige aon duine atá suas anois cathain
a tógadh an púicín atá innti. Ac deir
daoine go i n-aimsir na géarleanúint
a chuadh manaigh ar a d-teicheadh innti ac
ní dóibh sin atá an sgeal ag tagairt. Ac
timcheall lé ceithre ficheid éigin bliadhan ó
shoin ní raibh an síol ró mhaith i 3-cead air
ní raibh daoine ag dul go dtí America ac
copa duine mar chaitheadh ápcac seacht
seachtmainé ag treaba na mara an nuair
ugadh agus is minic gur tar bórd na loinge
a caithtí iad, mar cuireadh an bhreócacht
fairp.ge chun báis iad. leis sin dfág son
fluirse daoine ins zuc áic.ác má dfág ní
fág son go raibh slí beatha aca go léir. lé
fágail. Bí mórán Éireann do mhuinnur Cathain
an nuair sin na 3-cómhnaidhe in Dún-Caoin
ac tárgais go raibh hochtar dreatháir dos na
Cathanaig i n-aon tis amáin agus iad bruithte
baycaighe anuas ar a chéile ann. Ac pé
sgeal é ní rabhadar gan cnora ar achran
á beith attra. Ceann dos na háiceanta
dúbairt an t-athair leis an mac ba shine
aca buala amach is páirtí éigin mná
a stocáir do féin. I d-túbairt siar an

Púicín an Áil

Seán Ó Criomhthain
Blascaod Mór, Dún Chaoin,
Daingean Uí Chúise, Co. Chiarraí. 28-9-34

INIS Thuaidh Ort an inis go bhfuilim chun tagairt di
anois. Tá sí ina luí ar an dtaobh thuaidh den
mBlascaod, agus sin é an fáth go nglaotar uirthi an
ainm thuas. Oileán gan caladh is ea í ach amháin lá
ciúin go féidir leat dul i dtír ar leac shleamhain atá inti.
Tá sean-áitreabh inti agus rian ar an gcloich go raibh
daoine ag maireachtaint inti suim mhór bhlianta ó shin,
ach níl fios ceart aige aon duine atá suas anois cathain
a tógadh an púicín atá inti. Ach deir daoine go in aim-
sir na géarleanúinte a chuaigh manaigh ar a dteitheadh
inti. Ach ní dóibh sin atá an scéal ag tagairt, ach
timpeall le cheithre fichid éigin blian ó shin, ní raibh
an saol rómhaith. I gcéad áit, ní raibh daoine ag dul go
dtí America ach corr-dhuine, mar chaitheadh árthach
seacht seachtaine ag treabhadh na mara an uair úd,
agus is minic gur thar bord na loinge a caití iad, mar
chuireadh an bhreoiteacht fharraige chun báis iad. Leis
sin, d'fhág san flúirse daoine ins gach áit. Ach má
dh'fhág, ní fhág san go raibh slí bheatha acu go léir le
fáil.

Bhí mórán Éireann de mhuintir Chatháin an uair sin
ina gcónaí i nDún Chaoin. Ach rángaig go raibh
hochtar driothár des na Cathánaigh in aon tigh amháin,
agus iad brúite bascaithe anuas ar a chéile ann. Ach pé
scéal é, ní rabhadar gan crosa is achrann a bheith eatar-
thu. Ceann des na laethanta, dúirt an t-athair leis an
mac ba shine acu bualadh amach is páirtí éigin mná a
sholáthar dó féin, í a thabhairt siar 'on

Oileán Son trap leis daofán caora ⁊ bó bainne
⁊ cuptha beireac aguis go mbáitear é ná a
beit ag ithe a céile sa lanntán so. Dubhairt
an mac go raibh sé sásta act go deacair
aon bean misneabhail a spóisríne. Bí muinntir
Shéaghdha air an mbaile céadna aguis an tiz
lán go bruach aca idir mná ⁊ fearaibh.
Cuaid an cailánac Gnódhna cuin cainnte
le mac Uí Shéaghdha aguis suadar an cúppa
acapa féin aguis seacdmain ón lá son bí
muiris ó Catáin ⁊ Nóra Ní Shéaghdha trap in
immis cuadoir. Iad pósta dá bó bainne
aca aguis trí cinn do beirig ⁊ fice caora.
Ní raibh sé ar cumas gac n-duine airgead
san oileán son mar a mbeadh cabhair mhaith
agat. Bí an treib seo láthair ós gac caobh bád
aca féin ⁊ fuireann dá réir ⁊ iugaidh
truas uair sa tseaccmain air muiris ⁊
má bhíodh aon rud uaidh bíodh sé cuige gan
maoll. Bí tánúgad na cloice ag deanamh
go h-iongantac cominí preacai iarp ⁊ caoire
le n-ithe aca. Spán ná té ní raibh aon tur
amac air san aom so. Ní raibh aca an
bliadain Stán sa naom go raibh beirc mhac
i naon troigh amháin aige Nóra ⁊ gan
Sagart ná dochtúir i naon gíoppract di ná
aon zábad leis ac có beag. Cuaid an bád
trap lá Bréag a cánam ⁊ sé an sgeal
a bí aici tapeis teact ná go raibh an
draom trap go maic ac nóc nó fada go
mbeadh oiread trap ⁊ bí abhus. Bí an aimsir
dá cáteam ⁊ bí muiris ag deanamh go
h-iongantac. Bí trí ba bainne aige anoy
aguis zamna leir ⁊ caor ⁊ zan graic
air caoire mar oileán iongantac luca
iseac í.

oileán san thiar leis, dosaen caora is bó bhainne is cúpla beithíoch, agus go mb'fhearr é ná a bheith ag ithe a chéile sa lantán so. Dúirt an mac go raibh sé sásta, ach go dheacair aon bhean mhisniúil a shroistint.

Bhí muintir Shé ar an mbaile céanna, agus an tigh lán go bruach acu idir mhná is fhearaibh. Chuaigh an Cathánach críonna chun cainte le Mac Uí Shé, agus shuaitheadar an cúrsa eatarthu féin, agus seachtain ón lá san, bhí Muiris Ó Catháin is Nóra Ní Shé thiar i nInis Thuaidh Ort, iad pósta, dhá bhó bhainne acu agus trí cinn de bheithígh is fiche caora. Ní raibh sé ar chumas gach nduine áitreabh san oileán san, mara mbeadh cabhair mhaith agat. Bhí an treibh seo láidir ós gach taobh, bád acu féin is foireann dá réir, is thugaidís turas uair sa tseachtain ar Mhuiris, is má bhíodh aon ní uaidh, bhíodh sé chuige gan mhoill.

Bhí lánú na cloiche ag déanamh go hiontach, coiníní, prátaí, iasc is caoire le n-the acu. Arán ná té, ní raibh aon chur amach air san am so. Ní raibh acu an bhliain slán san am go raibh beirt mhac in aon tróig amháin aige Nóra, is gan sagart ná dochtúir in aon ghiorracht di, ná aon ghá leis ach chomh beag. Chuaigh an bád siar lá breá a tháinig, is sé an scéal a bhí aici tar éis teacht ná go raibh an dream thiar go maith, ach nach rófhada go mbeadh oiread thiar is bhí abhus.
Bhí an aimsir á chaitheamh is bhí Muiris ag déanamh go hiontach. Bhí trí ba bainne aige anois agus gamhna lena gcois, is gan trácht ar chaoire, mar oileán iontach chucu is ea í.

Bíodh an bád suas is anuas gach seachtmain no
b'éidir coicíos uaireanta. Is iad a díoladh gach
ní a bíodh aige Muiris le díol agus is cruaidh
an obair beirt a mór chrom a thabhairt anuas
air cloich inns chuaidh, gur i ceangal is i cur
isteach i mbád ach ní h-aon mhaith a bheith á
innsint sin don té ná ceidfeadh é. Ní raibh
ach an bhliadhain slán aríst nuair a thug an
bád suas uirthi ní raibh aon sgéal nua air
ach amháin go raibh seisear sa cloich anois
bí beirt mhac aige Nóra an croidhe seo.
Féin mar bí an muirear a cuireann air Muiris
sin mar is mó a bí fonn chun gnótha air ag cur
is ag baint is ag déanamh gach nídhe, a dóthain
go maith aige is gan aon cheall bídh orthu sa
cloich uaignis i lár na mara móire. Bíodh an samhradh
air a thóil féin aige Muiris mar thagadh an bád
gach seachtmain dá b'fhios ach ní mar sin a
bíodh aca fá gheimreadh is annamh a thagadh sí gur
orthu mar ní bíodh gá mór léi tuisce go mbíodh
gach ní socair suas aige in deireadh fóghmhair.
Níl aon bhliadhain ar feadh sé mbliadhna ná
go raibh beirt mhac aige Nóra sé sin le
rá go raibh dáréag mac ag an gcathánach
ig ceann sé mbliadhan. Geimreadh áirithe
dá raibh Muiris is a linn tighe go socair dóibh
féin cois na tinneadh annsa púicín gála chrom
gaoithe anoir thuaidh ag séide go fíochmhar is an
cathánach a bí a fágh amuch dá straca ag
an ngaoith. Timceall amhsar codalta suas
go maith sa n-oidhche ghlaoidh Muiris ar Nóra
is d'fhiarthuig an raibh na gasúin go léir istigh.
Lagh ngiolla an coinneal is siúd léi ag cóireamh
no go raibh an duine deireannach aici. I m
Bara go bhfuil gach n-duine aca annso
air seile.

Bhíodh an bád siar is aniar gach seachtain nó b'fhéidir coicíos uaireanta. Is iad a dhíoladh gach ní a bhíodh ag Muiris le díol, agus is cruaidh an obair beithíoch mór trom a thabhairt anuas ar chloich Inis Thuaidh Ort, í a cheangal is í a chur isteach i mbád, ach ní haon mhaith a bheith á insint sin don té ná cífeadh é.

Ní raibh ach an bhliain slán aríst nuair a thug an bád turas eile. Ní raibh aon scéal nua aici ach amháin go raibh seisear sa chloich anois. Bhí beirt eile mhac aige Nóra an tróig seo. Féin mar a bhí an muirear ag titim ar Mhuiris, sin mar is mó a bhí fonn chun gnótha air, ag cur is ag baint is ag déanamh gach ní, a dhóthaint go maith aige is gan aon cheal bídh orthu sa chloich uaignigh i lár na mara móire. Bhíodh an samhradh ar a thoil féin aige Muiris, mar thagadh an bád gach seachtain á bhfiosrú, ach ní mar sin a bhíodh acu sa gheimhreadh. Is annamh a thugadh sí turas orthu mar ní bhíodh gá mór léi, toisc go mbíodh gach ní socair suas aige i nDeireadh Fómhair. Níl aon bhliain ar feadh sé mbliana ná go raibh beirt mhac aige Nóra. Sé sin le rá go raibh dháréag mac ag an gCathánach i gceann sé mblian.

Geimhreadh áirithe dá raibh Muiris is a líon tí go seascair dóibh féin cois na tine sa phúicín, gála trom gaoithe anoir aduaidh ag séideadh go fíochmhar is an raithineach a bhí ag fás amuigh, á stracadh ag an ngaoith. Timpeall aimsir chodlata, siar go maith san oíche, ghlaoigh Muiris ar Nóra is d'fhiafraigh an raibh na garsúin go léir istigh. Las Nóra an choinneal is siúd léi ag comhaireamh nó go raibh an duine deireanach aici.

"Ambasa go bhfuil gach nduine acu anso," ar sise.

ó má tá bímíş a déanaṁ áp n-uacca
maṛ tá daoíne éígín az şúibal tímceall
loṛṁuíʼ, má tá ná cuípíʼí aon eagla opr máp
tá şé có ceapt aca şon a beít aṁuíʼ lé
şínne a beít íştíʼ. buaíl do ceann cúʼac y
codal áp şíşe leíşʼzuṛ má bṛaícímʼe íad
paʼad amáʼ cúca máp beídíp zop bíad na
zaṁana íad. [bíodap map şín í şúmacáíl
codalca ac na paíb aon cóşla opra map bí
cṛoíʼe zaʼ n-duíne aca az léímc poʼan na
lezeadap opra é. íş ceann leít-ṁaṛe a cloíş
ńó map şín y zéápṛ zop cuaʼbaíz nóra an
zeíbípíş y an ʼtṛaʼtaṁ loṛṁuíʼ, a día línn ʼa
Muṛṇuʼ oípʼé tá mórań daoíne loṛṁuíʼ y
ńíl aoíne beó anʼa anoíc map tá an oíʼʼe
ṛó fíocṁap y ńíl ṁalaíṛ na n-daoíne ṁaíte
ínn. laṛ an şlíze ʼon apṛa ṁuṛṇuʼ zo ʼtuíṛ-
fead opṛ mo ʼpeápṛ y máṛ ṁaṛb íad ímmeáʼ
díad y má táíd beó fanuʼaíʼ un caínc ann
tá an ceapt şa méíd şín azac apṛa nóra
az preaba na şuíʼe y az loṛra ʼan ʼt şlíze.
má loṛ ńí cuṛ an şolaş aṛ íad şín a an
nuaṛ a bí an zíbíṛuʼ zo léíṛ ann. ńíl aon
ʼduíne beo amuíʼ unoşʼ apṛa nóca. no má
tá cúbaṛíʼaínn un leabap zoṛ daoíne báíte
íad. y apṛşe má tá aon íuṁeáʼ opr
ṛaʼad amáʼ má céʼeann tu n-aoínfeáʼc
líom. ńí beíʼ şon lé ṛó azac apṛa Muṛṇuʼ
ṁóíu na amáṛeáʼ zop téípeaş opr
map ceapaʼ na paʼb ʼo íuṁeáʼ có táʼuíṛ
azuş şín a ṛaʼb uaʼam ac napr ṁaíc líom
ʼaʼé opr. şuíd amáʼ an beíṛt aṛ a
bṛuícín y ʼfaʼadap un ʼápṛaʼ maʼ íş aş
bí zealaʼ bṛeáz ann an şpéíṛ zlan zan
şzaṁall y zan móṛań zaoíte anʼ í

"Ó, má tá, bímis ag déanamh ár n-uachta, mar tá daoine éigin ag siúl timpeall lasmuigh."

"Má tá, ná cuiridís aon eagla ort, mar tá sé chomh ceart acu san a bheith amuigh le sinne a bheith istigh. Buail do cheann chugat is codail," ar sise leis, "agus má bhraithimse iad, raghad amach chucu, mar b'fhéidir gurb iad na gamhna iad."

Bhíodar mar sin ag súmatáil codlata, ach ná raibh aon chodladh orthu mar bhí croí gach nduine acu ag léimeadh, ar a shon ná ligeadar orthu é. I gceann leathuaire an chloig nó mar sin, is gearr gur chualaigh Nóra an ghibris is an glisiam lasmuigh.

"Ó, Dia linn, a Mhuiris," ar se, "tá mórán daoine lasmuigh is níl éinne beo ann anocht, mar tá an oíche rófhíochmhar, is níl malairt na ndaoine maithe ann."

"Las an slige dom," arsa Muiris, "go gcuirfead orm mo threabhsar, agus más marbh iad, imeoid siad, is má táid beo, fanfaidh an chaint ann."

"Tá an ceart sa méid sin agat," arsa Nóra, ag preabadh ina suí is ag lasadh an tslige. Má las, ní chuir an solas as iad. Sin é an uair a bhí an ghibris go léir ann.

"Níl aon duine beo amuigh anois," arsa Nóra, "nó má tá, thabharfainn an leabhar gur daoine báite iad, agus," ar sise, "má tá aon mhisneach ort, raghad amach, má théann tú in éineacht liom."

"Ní bheidh san le rá agat," arsa Muiris, "inniu ná amáireach, gur theipeas ort, mar cheapas ná raibh do mhisneach chomh láidir, agus sin a raibh uam, ach nár mhaith liom glaoch ort."

Siúd amach an bheirt as a bpúicín is d'fhágadar an dáréag mac istigh. Bhí gealach bhreá ann, an spéir glan, gan scamall is gan mórán gaoithe ann, í

Có geal ┐ go g-cíóbfá bhean aṙ an dtalaṁ
ní fada a bí an beiṙt amuiċ nuaiṙ a connᵃ-
acadaṙ ċúca aníoṡ ón bfaiṙṙige buile fear
Súbal maṙ aca bá ḋéanaṁ ┐ iad a
cainnt go meaṙ ┐ go tapaib, aċ mo léiṙ ní ṙaib
aon tuiscint aige 'n beiṙt oṙta. ní fada go
ṙaib na fiṙ aigen b-púicín ┐ má bí bí
Muiṙiṡ ┐ Nóṙa ann ṙómpa. Cuiṙ Muiṙiṡ ceiṡt
oṙta an maṙb no beó bíodaṙ. dúbaṙadaṙ
go léiṙ amaċ aṡ béaṙla go ṙabadaṙ beó.
Tánaig ana ṁisneaċ bón mbeiṙt ann son
maṙ bí 'ioṡ aca láitṙeaċ goṙ Máiṙnealaiṡ
iad. bí foċail ṁaiṫ béaṙla aige Nóṙa ┐
cuiṙ ṡí cainnt oṙta gan ṁoill an ṙaib
oċṙaṡ no tart oṙta má bí go ṙaib Saiṙiṡ
Eigm bíḋ aici féin ┐ go ṙainnfaiḋ ṡí oṙta.
    dúbaṙadaṙ go ṙaib an t-anam caillte
uca naċ móṙ maṙ go ṙabadaṙ aiṙ ṡeiċ-
ṙáṅ ó ṁadain inḋé. Cuṡdaṙ go léiṙ iscteaċ
an púicín ┐ nuaiṙ a bíodaṙ iṡtig bí seaċtaṙ
b-feaṙaib iongantaċ aca ann. Cuiṙeaċ cuṁ
bíḋ iad go tapaiḋ, práṫai, ím, coiníní úṙa,
uiṡe guṙt ┐ bainne. Sin é an biaḋ a bí
ann. aċ mo léiṙ ní ṙaib aon loċt aca aiṙ.
nuaiṙ a bí an dótaint iṫte aca. Cuiṙ
Nóṙa ceiṡt oṙta cad d'imtig oṙta nó
cen áit d'fágadaṙ ┐ cá ṙaib a d-cṙiall
    an Captain do ḟṙeagaiṙ i ṡeo maṙ bí
airṙeṙeaṁ Tá tṙi mí ó d'fágaṡ talaiṁ an
Eiṙe lé h-áṙaċ tṙi g-cṙann bóin ḋaṁad
Cum Saṙana ní ṙaib an táiṙċaċ ṙó
ṁaiṫ aṙ fad aċ ba liom féin í ┐ bíoṡ
in-aṁṗaṡ go nḋéanfaḋ ṡí an bfeaṙt gan
taiṙ. bíoṁaṙ ag ḋéanaṁ go hana
ṁaiṫ aṙ fad. go dtí lé mí annuaṡ

chomh geal is go gcífeá biorán ar an dtalamh. Ní fada a
bhí an bheirt amuigh nuair a chonacadar chucu aníos
ón bhfarraige bulc fear, siúl maith acu á dhéanamh, is
iad ag caint go mear is go tapaidh, ach mo léir ní raibh
aon tuiscint aigem' bheirt orthu. Ní fada go raibh na fir
aige an bpúicín, is má bhí, bhí Muiris is Nóra ann
rompu. Chuir Muiris ceist orthu an marbh nó beo
bhíodar. Dúradar go léir amach as Béarla go rabhadar
beo. Tháinig an-mhisneach don mbeirt ansan, mar bhí a
fhios acu láithreach gur mairnéalaigh iad. Bhí focail
mhaith Béarla aige Nóra, is chuir sí caint orthu gan
mhoill, an raibh ocras nó tart orthu, má bhí, go raibh
saghas éigin bídh aici féin is go roinnfeadh sí orthu é.

Dúradar go raibh an t-anam caillte acu nach mór,
mar go rabhadar ar seachrán ó mhaidin inné. Chuadar
go léir isteach 'on phúicín is nuair a bhíodar istigh, bhí
seachtar d'fhearaibh iontacha acu ann. Cuireadh chun
bídh iad go tapaidh, prátaí, im, coiníní úra, iasc goirt is
bainne. Sin é an bia a bhí ann. Ach mo léir, ní raibh
aon locht acu air. Nuair a bhí a ndóthaint ite acu, chuir
Nóra ceist orthu cad d'imigh orthu nó cén áit
d'fhágadar is cá raibh a dtriall. An Captaen do fhreagair
í.

"Seo mar a bhí," ar seisean. "Tá trí mhí ó d'fhágas
Talamh an Éisc le hárthach trí gcrann lán d'adhmad
chun Sasana. Ní raibh an t-árthach rómhaith ar fad, ach
ba liom féin í, is bhíos in amhras go ndéanfadh sí an
bheart gan teip. Bhíomair ag déanamh go han-mhaith ar
fad go dtí le mí anuas.

bí Stág imiṙt aṁ ċoinne, aċ apḃú aréir do
bí ġáta maiṫ gaoiṫe ann y bíoḋas ag coiméad
na h-aṁairce ċúċa, Siúḃal maiṫ agam dá
ṫeanaṁ aċ bíoḋ uisce ag ṫeaċt uir bórd
coireanca y ċuirimís amaċ uríst é. Ní
ṙaiḃ aon ġaġla orm ná go ṙaiḃ an ḃfear
ṫeanca agam nó go d-ṫánaiġ an Maṫa
ċúgam y go n-dúḃairt go ṙaiḃ an t-aḋmad
ró ḟliuċ y go ṙaiḃ an t-ápṫaċ ṫúḃarṫa
age. Ní ṙaiḃ an focal ceart ay a ḃéal
nuair, a ṗleasc sí amaċ ay a ċéile féin
mar ṗleasctaí buiġéal go mbeaḋ uisce ḟliuċ-
iḋ ann! Cataṁair ṫúḃairt fe-s na báid ann-
son gan moill y ní ṙaiḃ aġa againn ayr Dia.
le-ayr nanam a ṗá nuair a bí an t-ápṫaċ
imiṫe féin uisce uaġain. bíoḟ agam go ṙaiḃ
ayr cópta na h-éirean anson aé ná ṗaḃaḋ
ró Ġuinn uy fad do, aé ṫugaim ṫuairim gor
Éiranaiġ siḃse, aé ní ṗug aon ġreim ṙiaṁ
orm go dtí Caladḃ ḃámr amaċ ayr an oileán
so Cé go ṙaiḃ an leac ċiúin go maṙ aċ
bí Sé ana Ġuaid orrain ṫeaċt ayr barra
ann y ṫáimíd ag dul mór tímceall an
oileáin i ṙit na h-óidce feaċaint an ṙaiḃ
aon tiġ ann aċ ní ḃf ḃuail linn aċ an
ṗuicín-seodaguy mar a nuiṙe dom a ḟiapru-
iġe díḃ cá ḃfuilimíd anoiy. Tá an tú i
n-Éirinn pé Sgeal é ayra Nóna aé cá
ḃfuil do báid. O uyseyean ní ḃfeidir linn
na báid do Ṡáḃáilt ayr an oiḋean so
y do sgaoiteamayr leiy an muir iad. ba
Cuma linn aé a ḃeiṫ ayr an d-ṫalaṁ
guin). Tá ṫeanca go maiṫ uġat uyra
Nóra aé níl báb ná long againn.
leiy.

Bhí sí ag imirt im' choinne, ach arbhú aréir do bhí
gála maith gaoithe ann, is bhíos ag coimeád na hanairte
chúichi, siúl maith agam á dhéanamh, ach bhíodh uisce
ag teacht ar bord coitianta is chuirimis amach aríst é.
Ní raibh aon eagla orm ná go raibh an bheart déanta
agam nó go dtáinig an máta chugam is go ndúirt go
raibh an t-adhmad rófhliuch is go raibh an t-árthach
tabhartha aige. Ní raibh an focal ceart as a bhéal nuair
a phléasc sí amach as a chéile féin mar phléascfadh
buidéal go mbeadh uisce fliuchaidh ann. Chaitheamair
tabhairt fés na báid ansan gan mhoill, is ní raibh aga
againn ar 'Dia le ár n-anam' a rá nuair a bhí an t-
árthach imithe fén uisce uainn. Bhí a fhios agam go
rabhas ar chósta na hÉireann ansan, ach ná rabhas
róchruinn ar fad de, ach tugaim tuairim gur Éirean-
naigh sibhse. Ach ní rug aon ghreim riamh orm go dtí
caladh a bhaint amach ar an oileán so, cé go raibh an
leac ciúin go maith, ach bhí sé an-chruaidh orainn
teacht ar barra ann, is táimíd ag dul mór timpeall an
oileáin i rith na hoíche ag féachaint an raibh aon tigh
ann, ach ní bhuail linn ach an púicín seo. Agus mara
miste dom a fhiafraí díbh, cá bhfuilimid anois?''

"Tánn tú i nÉirinn, pé scéal é,'' arsa Nóra, "ach cá
bhfuil do bháid?''

"Ó,'' ar seisean, "ní bhféidir linn na báid a shábháilt
ar an oileán so, is do scaoileamair leis an muir iad. Ba
chuma linn ach a bheith ar an dtalamh tirim.''

"Tá déanta go maith agat,'' arsa Nóra, "ach níl bád
ná long againne leis.

dé tagan bád cúgain nuair a bíonn an lá
breág ann. Is cuma linne. arsa an Captaén
cathain a tiocfaidh aon bád cúgainn má tá aon
adhbar bídh agaib. tá biadh is deoch go flúirseach
agam baoghthas le Dia arsa Nóra is ní bac don
ocras a gcóbam pé íde uile a d-imteoidh
orrainn. Bíodar ag cur is ag cuiteam i rith na
h-oidhche is an Captaén na choiteacha amadeas
ceisteanna da chur aige is Nóra da bhfreagairt
féin mar bféidir léi é. ach ceist áirithe dár
chuir sé cait Nóra gáire a deanamh fé
cheist mar gheall air an áill, bait leis dá
pháistí mac a béit aici. agus iad son dúbálta,
chuir sé ana shuim ionta mar bíodar
go hana deas baiclí beaga tagartha
is cuma na sláinte go maith orta. dubhairt
an Captaén ná feacaigh sé i mball na imbéan
nam riamh a leitéide. bí an aimsir dá
chuiteam is bí Seachtmhain Chásc agus na
mairnéalaigh air an oileán mí abrác so
ach ná feadfad na daoine báire son aghaoé
air, ach maidin Dé domhnaig dubhairt an
Capatén go raibh an aimsir ag socrú síos
is nách fada uaita lá ciúin. Maidin Dé Mairt
bí sé na bán té gan leoitne gaoite is
an fairrige na teinseig. dúbairt Muiris
Có Súiapálta is bí purr air an asal nách
fada go mbeadh an bád Cúca, bfios do
ní raibh an chaint páirte aige nuair
a chonaic sé ag fágaint na h-Aille.
í le sin dún Cháoin. Ní ró fada air
fad a tóg sé ón mbád h-oct maide
rámha áirithe is hoctar fear. is fear
dá Syúpa agus Seól i mbarra píce.

Ach tagann bád chugainn nuair a bhíonn an lá breá ann.''

"Is cuma linne," arsa an Captaen, "cathain a thiocfaidh an bád chugainn, má tá aon ábhar bídh agaibh."

"Tá bia is deoch go flúirseach againn, buíochas le Dia," arsa Nóra, "agus ní bás den ocras a gheobham, pé íde eile a d'imeoidh orainn."

Bhíodar ag cur is ag cúiteamh i rith na hoíche, is an Captaen ina chuileachta an-dheas, ceisteanna á chur aige is Nóra á bhfreagairt féin mar b'fhéidir léi é. Ach ceist áirithe dár chuir sé, chaith Nóra gáire a dhéanamh fé, ceist mar gheall ar an ál. B'ait leis dháréag mac a bheith aici agus iad san dúbalta. Chuir sé an-shuim iontu mar bhíodar go han-dheas, balcairí beaga téagartha is cuma na sláinte go maith orthu. Dúirt an Captaen ná feacaigh sé i mball ná i mbearnain riamh a leithéidí.

Bhí an aimsir á chaitheamh is bhí seachtain caite aiges na mairnéalaigh ar an oileán mí-ámharach so, ach ná féadfadh na daoine báite san a ghlaoch air. Ach maidin Dé Domhnaigh, dúirt an Captaen go raibh an aimsir ag socrú síos is nach fada uathu lá ciúin. Maidin Dé Máirt bhí sé ina bhánté gan leoithne gaoithe, is an fharraige ina léinsigh. Dúirt Muiris chomh siúrálta is bhí pus ar an asal nach fada go mbeadh an bád chucu. B'fhíor dó. Ní raibh an chaint ráite aige nuair a chonaic sé ag fágaint na hAille í, sé sin Dún Chaoin. Ní rófhada ar fad a thóg sé ón mbád, ocht mhaide rámha uirthi is hochtar fear, is fear á stiúradh agus seol i mbarra píce.

Sroic sí innis na tuaid gur gan maoill. bí
muinir pómpa air an líc is fáilci zeala
aige pómpa cad fá na bead ualac aca
cuige is má bí aon ualac aige, lé túbairc
uaid. Ceanglad suas an bád is cuaid zac
n-duine fé féin an puicin. ní mór naip
tuic an t-anam air Muinncir dún-Caoin
nuair a connacadar na daoine go léir
timceall na h-áice. bí Béarla is zaedluinn
sa Cloc annṗon. bí h-ocḟar fear ó dún-
Caoinn innci Seaċtar ón ḃfaippge Muinir
is Noka is an dápriz mac bí Sé na
Baile beaz i láir na faippge cuaid irea.
Nuair a bí an biad icce is zac nide
topr. Dúbairc an Capcaen lé Muinncir dún
Caoin go raididis i mfionfaact leó abaile is
má bféidir leir aon Cuiream a déanam leó
go deó go n deanfad Sé é. ac i lácair na
h-uaire airġerean níl airead is pinzin Ruad
mSeilb is máir maic lic é na deiniz é. ní
Raib aon ceip air fuair Sé é is míle fáilce.
bí zac ní ollam peiz cum Slán. is Breact
dfázamz aige Innis cuaid orr. Cas an Capcaen
is Póz Sé zac n-duine ron dápriz mac.
Tuz Sé a ainm is u Seolad zo bean an
puicin is dfáz Slán is Cpoicad. ráma aici is
an Cuid uile có maic leir. Cuaid zac
fear Sa bád is annṗon Cuig feapra deaz
innci na Maipnealaiz u bí a kamaidgaċc
is oirca a bápr a diol is ní fada toz Sé
uaca Calad dúin Caoinn u bainc amac.
Tuzadar un oidce Sin i diz Muinncir
Cácain i mbaile Cinn is air maidin anjá-
ireac air go bráć leó cun damgean Uí
Cúise is air Son Sall zo ratanzais.
G.S.C.

52

Sroith sí Inis Thuaidh Ort gan mhoill. Bhí Muiris rompu ar an lic is fáiltí geala aige rompu, cad fáth ná beadh, ualach acu chuige, is má bhí aon ualach aige le tabhairt uaidh. Ceangladh suas an bád is chuaigh gach nduine fé dhéin an phúicín. Ní mór nár thit an t-anam as muintir Dhún Chaoin nuair a chonacadar na daoine go léir timpeall na háite. Bhí Béarla is Gaelainn sa chloich ansan. Bhí hochtar fear ó Dhún Chaoin inti, seachtar ón bhfarraige, Muiris is Nóra is a ndáréag mac. Bhí sé ina bhaile beag i lár na farraige thuaidh acu.

Nuair a bhí an bia ite is gach ní thart, dúirt an Captaen le muintir Dhún Chaoin go raghaidís in éineacht leo abhaile is má b'fhéidir leis aon chúiteamh a dhéanamh leo go deo, go ndéanfadh sé é.

"Ach i láthair na huaire," ar seisean, "níl oiread is pingin rua im' sheilbh, is más maith libh é, ná deiníg é."

Ní raibh aon teip air, fuair sé é is míle fáilte. Bhí gach ní ullamh réidh chun slán is beannacht d'fhágaint aige Inis Thuaidh Ort. Chas an Captaen is phóg sé gach nduine den dáréag mac. Thug sé a ainm is a sheoladh do bhean an phúicín is d'fhág slán is crothadh lámha aici, is an chuid eile chomh maith leis. Chuaigh gach fear sa bhád is ansan cúig fheara déag inti; na mairnéalaigh a bhí ag rámhaíocht, is orthu ab fhearr a dhíol, is ní fada a thóg sé uathu caladh Dhún Chaoin a bhaint amach. Thugadar an oíche sin i dtigh mhuintir Chatháin i mBailícín, is ar maidin amáireach, as go brách leo chun Daingean Uí Chúise, is as san sall go Talamh an Éisc.

Bí Muinntir a Cúraim féin ag cur dóib an lá leis an oidce aca i g-cómnaide. Tagad an bád cúca go minic sa t-sampad acc go h-anam sa geimpead. Bí an clann mac na bfearaib mórra aca anois is ní mait leo a saol a caiceam ar oileán i lár na mara móire. Tánaig an bád tá is má tánaig bí litir aca cun Nóra. Ní raib sí a bfad faicca aici nuair a scríob sí ó'n Clúdac agus an céad rud do connaic sí ná seic le daiad púnt airgid. Leis a súile uirre, ac nuair a léige sí í ní raib an t-iongantas có mór san. Seadh bí litir ó'n g-Captaen ó talam an Eire fice púnt cúce féin agus an fice uile cun an Báid gan docall a tug ó'n oileán é. Dúbairt sí le muínntir an báid go raib fice púnt uirri uainnsi cúca ó'n g-Captaen a tugadar ar an g-cloic dá bliadam ó som. Bí ana áias orca mar bfarr fice púnt an nuair úad ná céad inniu. Dúbairt a dreatair-le an litir a tánaig uaid do tubairt do lé léigean. Do tug go tapaig is sé ná raib a bfad dá léigean amac. Sé-rud a bí sa litir ná.

Go raib sé na báile féin anois annso i dtalam an Eire ná raib fairrge na Cúraim air anois. Go bfuair sé mórán airgid ó Company an Aimid. Go raib siopa mór age anois is é ag déanam go-nana mait. Is airseisean má teafruigean uait aon duine a buinis leat a teact amac abais liom é is cuirfead an cosras cuige. Is iongomcac an cainnt aca ráicce uige airsise. Is le cognam Dé ní fada ná go mbeid beirt don áll so call age.

Bhí Muiris is a chúram féin ag cur dóibh, an lá leis an oíche acu i gcónaí. Thagadh an bád chucu go minic sa tsamhradh, ach go hannamh sa gheimhreadh. Bhí an chlann mhac ina bhfearaibh mhóra acu anois, is ní mhaith leo a saol a chaitheamh ar oileán i lár na mara móire. Tháinig an bád lá, is má tháinig, bhí litir acu chun Nóra. Ní raibh sí i bhfad fachta aici nuair a strac sí di an clúdach agus an chéad rud do chonaic sí ná seic le daichead punt airgid. Leath a súile uirthi, ach nuair a léigh sí í, ní raibh an t-iontas chomh mór san. Sea, bhí litir ón gCaptaen ó Thalamh an Éisc, fiche punt chuici féin agus an fiche eile chun an bháid gan doicheall a thug ón oileán é. Dúirt sí le muintir an bháid go raibh fiche punt airgid anso chucu ón gcaptaen a thugadar as an gcloich dhá bhliain déag ó shin. Bhí an-áthas orthu, mar b'fhearr fiche punt an uair úd ná céad inniu. Dúirt a driotháir léi an litir a tháinig uaidh do thabhairt dó le léamh. Do thug go tapaidh, is sé ná raibh i bhfad á léamh amach. Sé rud a bhí sa litir ná go raibh sé ina bhaile féin anois anso i dTalamh an Éisc, ná raibh farraige ina chúram air anois, go bhfuair sé mórán airgid ó chompany an adhmaid, go raibh siopa mór aige anois is é ag déanamh go han-mhaith.

"Is," ar seisean, "má theastaíonn uait aon duine a bhaineas leat a theacht amach, abair liom é, is cuirfead an costas chuige."

"Is iontach an chaint atá ráite aige," ar sise. "Is le cúnamh Dé, ní fada ná go mbeidh beirt den ál so thall aige."

Sin mar bí bliadhain ón lá san bí cúpla
le hall i dtallain in Éire. 1-3-ceann bl[i]a
f bliadhna uile bí cúpla uile. le hall
f bliadain ón lá san cúpla uile. bí
seisear mac le Nóra tall anois. iad go
h-anna mait as f iad dá rá leis an
g-cuid uile gan aon gagla a beit orta teact
amac ann. Sin mar bí socair muiris
f Nóra suas a n-aigneadh an tinnis d'fágáint
botán a togaint i n-Dún-Caoinn f an
clann a sgaoilt sall. Sin mar cuir amac
leis tug muiris amiar gac ní a bí géar
aige f lonaig sé féin i nDún Caoin
Dimtig cúpla i ndiaig cúpla no go raib
dá riag mac Muiris f Nóra i g calam in-
Éire iad ar a d-toil féin ann gan te
ceall sa t-saol orta sgus mó a cur i
umall airgid cun a mátar f a natar
dá uair sa mbliadain faid f mairid iad
Sin mar tárlaig do Muiris ó Cátain
f do Nóra ní Sérigoa a các an cuid
f mó dá saol orr oileán i lár na
mara móire i bfad ó Códraib daoine.

Sin mar a bhí. Bliain ón lá san, bhí cúpla léi thall i dTalamh an Éisc. I gceann lae is bliana eile, bhí cúpla eile léi thall, is bliain ón lá san, cúpla eile. Bhí seisear mac le Nóra thall anois, iad go han-mhaith as, is iad á rá leis an gcuid eile gan aon eagla a bheith orthu teacht amach ann. Sin mar bhí. Shocair Muiris is Nóra suas a n-aigne an Inis d'fhágaint, bothán a thógaint i nDún Chaoin, is an chlann a scaoileadh sall. Sin mar a thit amach leis. Thug Muiris aniar gach ní a bhí thiar aige is lonnaigh sé féin i nDún Chaoin. D'imigh cúpla i ndiaidh cúpla nó go raibh dháréag mac Mhuiris is Nóra i dTalamh an Éisc, iad ar a dtoil féin ann gan aon cheal sa tsaol orthu agus iad ag cur anall airgid chun a máthar is a n-athar dhá uair san mbliain fhaid is mhaireadar.

Sin mar tharlaigh do Mhuiris Ó Catháin is do Nóra Ní Shé a chaith an chuid is mó dá saol ar oileán i lár na mara móire i bhfad ó chaidreamh daoine.

An Dál sa Leabaig,

Seán ó Criomcáin
Blascaod mór

aom. mámí 12/12.

Damgean.
Co. Carraide

Saoim mait blaidanca ó soin do bí bainnépeac
boét mná i áit éigin timceall Spúncáin
an Gruáin in Iobrácac. Timceall na háite
in ar tósad is na rugad an fear mór clúid
úgad Dómnall Eaccáic ó Connaill. Sé raib
Sa t Saol aice ac fear aon bó bainne 7
mar a tug an bás a fárcai uacai Cac
Sí Sgeapmuinc leis an méid sin féin do bainn
an t Saogail. don mac amáin a bronn Dia
uirte aguj Sé raib saoij aige Sin ná aon
bliadain amáin. Cac Sí an Saol a Caiteam
anáiride lé féin annson timeact lé ó áit
go h áit ag long a Cuda 7 an garrún léna
Coif. go minic fuact aguj ockaf orca
Ajuc fuar féin mar if gnáicac a leitéide
a beit, oidce annjo aca aguf adarca anjúd.
bí na bliadanca ú Caiteam aca 7 m pó
fada air fad go raib an bránac do
garrún a bí aici aj fáj Suaj. bí Seact
deaj do bliadanca Cupta aige do
snoif aguj e nfear Gruaid ládair madain
lé deánam if air a bí Sé. Lá bréaj
Siúbal na mbóirire timceall Iobrácaj
dúbairc an mac go raib zac aon duine
a Conn Sé aj deanaim nud éigin
uc a mácair nílim Sé aj deanaim fuic.

58

An Diabhal sa Leabaidh

Seán Ó Criomhthain
An Blascaod Mór, Dún Chaoin,
Daingean, Co. Chiarraí
(cliathánach: Aom. mniCh 12/12*)*

SUIM mhaith bhlianta ó shin do bhí baintreach bhocht
mhná in áit éigin timpeall Spuncáin an Choireáin in
Uíbh Ráthach, timpeall na háite inar tógadh is ina
rugadh an fear mórchlúigh úd Dónall Éachtach Ó Con-
aill. Sé a raibh sa tsaol aice ach féar aon bhó bhainne
agus nuair a thug an bás a páirtí uaithi chaith sí
scarúint leis an méid sin féin de mhaoin an tsaoil. Aon
mhac amháin a bhronn Dia uirthi agus sé a raibh d'aois
aige sin ná aon bhliain amháin. Chaith sí an saol a
chaitheamh in airde léi féin ansan agus imeacht léi ó áit
go háit ag lorg a coda agus an garsún lena cois, go
minic fuacht agus ocras orthu, fliuch fuar féin mar is
gnách a leithéidí a bheith, oíche anso acu agus eadartha
ansúd.

Bhí na blianta á chaitheamh acu agus ní rófhada ar
fad go raibh an bioránach de gharsún a bhí aici ag fás
suas. Bhí seacht déag de bhlianta curtha aige dhe anois
agus é ina fhear chruaidh láidir. Maidir le dealramh, is
air a bhí sé. Lá breá a tháinig agus é féin is an mháthair
ag siúl na mbóithre timpeall Uíbh Ráthaigh, dúirt an
mac go raibh gach aon duine a chíonn sé ag déanamh
rud éigin, ''ach a mháthair, nílimse ag déanamh faic.''

59

Ní dóca ná'é féidir leat-sa puinn a déanam
fós ap sa an mácair dá freagairt. Ní féidir
liom-sa obair aon fir na beacaid a déanam
a mácair ác go mbeadh caipibe mo cuid
cuipime agam. Cunnas son ap sa an
mácair. Tá ap sa an mac a freagad a béic
agam dá bárr agus agac-sa có mait.
Ní cuma dúic. Cad a déannfad-sa ap sa
an mácair cáimse ós ládair mo dócain
mé féin 7 ní fada mise a lorg oibre mé
féin dá bfainn rúnaí ceart í. Tá go mait
ap sa an mac an céad feirimeoir uile
a bfuaillfaid linn loirsfeod. Sa obair ap agus
dúic-se. Tá go hana mait ap sa an mácair
cáimse sásta slán le a niar aga, ác gac
pigin ap sid a túbairfaid an feirimeoir dúic
caicfayr é túbayr liom sa go dtí go mbeid
bliadain cf hice Slán agac. Táim sásta lé
pé rud ní mait leat a mácair ap seisean.
Sin mar bí ní fada ó baile a bíodar
dolca nuair a buail fear leo 7 capall
agus cairt aige. Beannuidear féin dá céile
7 bíodar ag cainnt ap feag camaill ác
ní fada ná gor labair fear an capaill
agus go ndúbairt. am bliacar féin mise
ap seisean go mait mar caircóé beirt
mar sibse uamsa anoir agus go bfuill
im a cuapd-ác lé camall feacainc a
bfainn rud ní na cagaim suas leo.
obair acá agac lé déanam ap sa mac
na bainncrige.

"Is dócha nach féidir leatsa puinn a dhéanamh fós," arsa an mháthair á fhreagairt.

"Is féidir liomsa obair aon fhir ina bheathaidh a dhéanamh, a mháthair, ach go mbeadh tairbhe mo chuid cúraime agam."

"Conas san?" arsa an mháthair.

"Tá," arsa an mac, "airgead a bheith agam dá bharr, agus agatsa chomh maith."

"Is cuma dhuit cad a dhéanfadsa," arsa an mháthair. "Táimse óg láidir mo dhóthain mé féin agus is fada mise ag lorg oibre mé féin, dá bhfaighinn 'riúnach ceart í."

"Tá go maith," arsa an mac. "An chéad fheirmeoir eile a bhuailfidh linn, loirgeodsa obair air, agus duitse."

"Tá go han-mhaith," arsa an mháthair. "Táimse sásta glan led' mhargadh, ach gach pigin airgid a thabharfaidh an feirmeoir duit, caithfir é a thabhairt domsa go dtí go mbeidh bliain is fiche slán agat."

"Táim sásta le pé rud is maith leat, a mháthair," ar seisean.

Sin mar bhí. Ní fada ó bhaile a bhíodar dulta nuair a bhuail fear leo agus capall agus cairt aige. Bheannaíodar féin dá chéile agus bhíodar ag caint ar feadh tamaill, ach ní fada ná gur labhair fear an chapaill agus go ndúirt, "am briathar féin, mhuise," ar seisean, "go maith mar theastódh beirt mar sibhse uamsa anois, agus go bhfuilim ag cuardach le tamall, féachaint an bhfaighinn iad is ná tagaim suas leo."

"Obair atá agat le déanamh?" arsa mac na baintrí.

Tá obair go leór agamsa agus isan ḋeaṅaṁ
appa an fear obair amuiċ. agus ycis 7 má
tá aon fonn oibre opt-sa anois anois an
raom agat agus aige'd ṁáṫair có maiṫ.
Cén sórt oibre a ċuipfá aip mo ṁáṫair
opsan mac. Ní mór an obair a ċuipfinn
aċ tipe a ṫúḃaipt. Do ḃeipt leanaiḃe beaga
isan lad do leigeant an tinnead 7 ré niḋe
beag uile ba ṁaiṫ lé a ḋeaṅaṁ a ḋeaṅaṁ
aċ appa mac na baintríge cad é an tuar-
astal a ṫúḃarfá do ḃeipt againn gaċ
seaċtṁain. Tuḃarfad deiċ sgillinge gaċ
seaċtṁain do ḃeipt agaiḃ 7 má ḃíonn siḃ
ag ḋeaṅaṁ do réir map cuipfear orḋú
orraiḃ punt dos gaċ aoinne agaiḃ iġ cóṁair
na ndolag 7 Cluiċ maiṫ ḃaḋaig appa an
feipiméoir leý. Táim sásta glan apsa mac
na baintríge má tá mo ṁáṫair sósta, táim
appa an ṁáṫair, aċ na ḋéanfaiḋ sé aon
tagcóir opt. Ní ḋeanfad tagcóir ná
feall ḃeart aip féin ná opt-sa no más
dóil leat go mḃeiḋ feall dá ḋeanaṁ orraiḃ
ní faḋa uaiḃ feap ċum tipt a ṫúḃairt
díoḃ. Cén fear an fear son appa'n
garsún. Tá aip seisčan Dóṁnall ó Connaill
tá sé na ċoṁnáiḋe aip aon ḃaile
liompa agus gan do ċúpam aip tú ċéip
ÿ ceapc ÿ Copčam do ṫúḃaipt dóÿ gaċ
naon. Leanam opt. map sin a ṁic appa
an baintreaċ. Cuḋar isteaċ sa
Cáirt agus Stad ná Staonaḋ níor tin
an feipiméoir no san ḃuail a tig féin leṫ.

62

"Tá obair go leor agamsa agus í gan déanamh," arsa an fear. "Obair amuigh agus istigh, agus má tá aon fhonn oibre ortsa anois, anois an t-am agat agus aiged' mháthair chomh maith."

"Cén sórt oibre a chuirfeá ar mo mháthair?" arsa an mac.

"Ní mór an obair a chuirfinn, ach aire a thabhairt do bheirt leanaíbh beaga agus gan iad do ligeant 'on tine, agus pé ní beag eile ba mhaith léi a dhéanamh, é a dhéanamh."

"Ach," arsa mac na baintrí, "cad é an tuarastal a thabharfá do bheirt againn gach seachtain?"

"Tabharfad deich scillinge gach seachtain do bheirt agaibh agus má bhíonn sibh ag déanamh do réir mar cuirfear ordú oraibh, punt dos gach éinne agaibh i gcomhair na Nollag agus culaith mhaith éadaigh," arsa an feirmeoir leis.

"Táim sásta glan," arsa mac na baintrí, "má tá mo mháthair sásta."

"Táim," arsa an mháthair, "ach ná déanfaidh sé aon éagóir ort."

"Ní dhéanfad éagóir ná feallbheart air féin ná ortsa, nó más dóigh leat go mbeidh feall á dhéanamh oraibh, ní fada uaibh fear chun cirt a thabhairt daoibh."

"Cén fear an fear san?" arsa an garsún.

"Tá," ar seisean, "Dónall Ó Conaill. Tá sé ina chónaí ar aon bhaile liomsa agus gan de chúram air ach cóir is ceart is cothrom do thabhairt dos gach n-aon."

"Téanam ort mar sin, a mhic," arsa an bhaintreach.

Chuadar isteach sa chairt agus stad ná staonadh níor dhein an feirmeoir nó gur bhuail a thigh féin leis.

Bhí an oíche go hálainn ann nuair a shroicheadar
tig an fheirmeora, ac má bhí féin do bhí gach
aon rud réidh ullamh rompa gach sórt bídh, tinneadh
breá dearg agus tig breá slachtmhar. Chuir bean
a tíge na céadta mílte fáilte rompa agus a
beirt mac có maith lé a bhí fásta suas na
bhfearaibh. Chuireadar féin aithne air a chéile
go tapaidh agus tug Seánaín sé sin mac na
baintrí agus an bheirt bhuachaillí sé sin
beirt mac fir a tíge an oíche ag caint
'y ag ullmháil dóibh féin. Tháinig am codalta
agus bhí gach duine ag déanamh na binne
báine, ac do labhair fear a tíge leis an
mbaintrigh agus len a mac freách nach cod-
la, air maidin nó go nglaodhfadh sé féin orca.
Tháinig an maidean ac do leig an feirmeoir
don mbeirt a d-tuirse a cur dóibh féin
go maith agus timcheall a naoí a chlog air
maidin do bhuail sé an doras agus adubhairt
sé leo a bheith a muscailt go raibh bradh na
maidne réidh. Bhíodar air tinneal chun a
bheith na suidhe agus níbhfada go rabadar
sa chistin i láthair an bídh. Do líon Seán
in a chabhail go maith agus nuair a bhí sin
déanta aige dúbhairt an feirmeora
leis imeacht leis i neinfeacht leis na buac-
aillí beaga son agus féin mar a deapsfaidís
leis a déanamh é déanaimh. Bhí Seáinín
sásta glan lé pé brácha a chuirfaidhe air
lé déanamh é déanamh go húmhal 'y go
tapaidh. Ní raibh puinn Góilis aige Seáinín
air gnóthaidhe feirmeora ac mar sin féin
níor cheil sé a sin air an bhfeirmeóir
an lá a aontuigh sé mar aon leis.

Bhí an oíche go doimhin ann nuair a shroicheadar tigh an fheirmeora, ach má bhí féin, do bhí gach aon ní réidh ullamh rompu, gach sórt bídh, tine bhreá dhearg agus tigh breá slachtmhar. Chuir bean an tí na céadta mílte fáilte rompu agus a beirt mhac chomh maith léi a bhí fásta suas ina bhfearaibh. Chuireadar féin aithne ar a chéile go tapaidh agus thug Seáinín, sé sin mac na baintrí, agus an bheirt bhuachaillí, sé sin beirt mhac fhir an tí, an oíche ag caint is ag útamáil dóibh féin. Tháinig am codlata agus bhí gach éinne ag déanamh na binne báine, ach do labhair fear an tí leis an mbaintrigh agus lena mac fanacht ina gcodladh ar maidin nó go nglaofadh sé féin orthu.

Tháinig an mhaidean, ach do lig an feirmeoir don mbeirt a dtuirse a chur dóibh féin go maith agus timpeall a naoi a chlog ar maidin, do bhuail sé an doras agus dúirt sé leo a bheith ag mothallú, go raibh bia na maidine réidh. Bhíodar ar tinneall chun a bheith ina suí agus ní bhfada go rabhadar sa chistin i láthair an bhídh. Do líon Seáinín a chabhail go maith agus nuair a bhí san déanta aige, dúirt an feirmeoir leis imeacht leis in éineacht leis na buachaillí beaga san agus féin mar a déarfaidís leis a dhéanamh, é a dhéanamh. Bhí Seáinín sásta glan le pé bráca a chuirfí air le déanamh, é a dhéanamh go humhal is go tapaidh. Ní raibh puinn eolais aige Seáinín ar ghnóthaí feirmeora, ach mar sin féin, níor cheil sé é sin ar an bhfeirmeoir an lá a dhein sé margadh leis.

bé Seáinín an buacaill uamal gan leisce
agus cuir sé ana iongantas ap béirt
mac an feirimeóra a leabar a bí sé
cun oibre. Dúbaradar léir a matair é
nár tánaig aon buacaill an tig fós a barr
ná Seáinín agus ná go raib ana cionn
a teact aca air. nuair a cualaid an
t-atair an méid sin tánaig ana áras
air agus dúbairt sé leo gan a beit dian
air. nuair a tagad an oíce is-comnaide
bíod clann an feirmeóra ag léigeam
paipear agus leabarta, ac níor bféidir lé
Seáinín oiread agus aon litir amáin
a aicint tarais an litir eile. cuir sé
suim ana mór sa leabarta nuair a clos—
aid sé na buacailli eile ag léigeam na
sgealta aca agus ceann go's na h-oide—
ant dúbairt sé lé mac an feireómara
go bfearr go goglas a tabairt do air
an leabar a léigeam. dúbairt an fear
eile ná raib uaid ac a cead y go ndean—
fad sé a mile díocall do. Sin mar bí
agus ní a lá san bí Seáinín féin agus e
a léigeam a leabar có mait lé fear.
bí Seáinín ana sásta air fad na dceann—
ta agus go mor mór cuire amátair a
beit sa tig na ceannca 7 bí an matair
féin ana baodac dóib mar bí bean
tige ana geas ana múinte aci. bíodar
ag caiteam an t-saol leo go súgac é
sain agus ní fada ná go raib lá agus
bliadain tabarta aigen mbéirt. 7 ina
bí ní raib an cluic fadasi neamnam orca.

B'é Seáinín an buachaill umhal gan leisce, agus chuir sé an-iontas ar bheirt mhac an fheirmeora a fheabhas a bhí sé chun oibre. Dúradar lena n-athair é, nár tháinig aon bhuachaill 'on tigh fós ab fhearr ná Seáinín, agus go raibh an-chion ag teacht acu air. Nuair a chualaigh an t-athair an méid sin, tháinig an-áthas air, agus dúirt sé leo gan a bheith dian air. Nuair a thagadh an oíche i gcónaí bhíodh clann an fheirmeora ag léamh páipéar agus leabhartha, ach níorbh fhéidir le Seáinín oiread agus aon litir amháin a aithint thairis an litir eile. Chuir sé suim an-mhór sa leabhartha nuair a chlosaigh sé na buachaillí eile ag léamh na scéalta astu, agus ceann des na hoícheanta, dúirt sé le mac an fheirmeora go bhfearr dó eolas a thabhairt dó ar an leabhar a léamh. Dúirt an fear eile ná raibh uaidh ach a chead is go ndéanfadh sé a mhíle dícheall dó.

Sin mar a bhí, agus mí ón lá san bhí Seáinín féin agus é ag léamh a leabhair chomh maith le fear. Bhí Seáinín an-shásta ar fad ina dteannta agus go mórmhór toisc a mháthar a bheith sa tigh ina theannta agus bhí an mháthair féin an-bhuíoch dóibh, mar bhí bean tí an-dheas an-mhúinte aici. Bhíodar ag caitheamh an tsaoil leo go súgach sámh agus ní fada ná go raibh lá agus bliain tabhartha ag an mbeirt, agus má bhí, ní raibh an chulaith éadaigh in easnamh orthu.

Bí ana átas air Seáimín nuair a fuair sé
féin 7 a mháthair an téadach mar bí a fhios
aige go raibh an feirmeóir sásta leó.
Bí Seáimín i ndonan gach saigheas oibre a bhain
le feirmeóireacht a dhéanamh anois agus
ní théidheadh aon lag air ach as dhéanamh
nídó grin i g-comhnuidhe. Bíodh fear aige
a pá leis gan a normarca oibre a dhéanamh
go ndéanfadh a leath an bhfear chó maith.
Té ba chuma le Seáimín bí sé sásta in a
aigne agus bí fonn chum oibre air 7 ní
bhféidir é thraochadh. Bí Seáimín ábalta go
maith anois air na páipéir go léigheamh
agus go tuiscint agus connaic sé go
raibh air grin tar leath go dtugadh daoine
saidhbeas a lí a mhaireann as. Ní minic a
dubhairt Seáimín leis féin go dtiocfadh an
lá fós agus go mbeadh gnó aige 'n mbó dá
heirribal agus más fear é féin a bheadh
teo té cúpla bliadhan uile go mbeudh sé
sa náit sin i measc na mille. Bí an
aimsir dá mheath agus ní mór an imáill
a bíonn bliadhain a gleamnú air duine
a bíonn air a toil féin agus go bun
nugadh aige Seáimín é ní raibh uaidh ach
obair agus a torradh a bheith aige. Tánaig
lá agus bliadhain uile agus fuair Seán
a chuid bréagh gadach agus an mháthair
chó maith. Bhí an san an beirt mar bíodar
so glanta ubhal dá mhágaiscir agus an
mágaiscir omósach dóibh. Tánaig lá agus
dubhairt Seán le na mháthair go raibh air
grin tar leath agus go raibh grtiall na
n-daoine go léir ann.

Bhí an-áthas ar Sheáinín nuair a fuair sé féin agus a mháthair an t-éadach, mar bhí a fhios aige go raibh an feirmeoir sásta leo. Bhí Seáinín in ann gach saghas oibre a bhain le feirmeoireacht a dhéanamh anois agus ní théadh aon lag air, ach ag déanamh ní éigin i gcónaí. Bhíodh fear a tí á rá leis gan an iomarca oibre a dhéanamh, go ndéanfadh a leath an bheart chomh maith. Ach ba chuma le Seáinín, bhí sé sásta ina aigne agus bhí fonn chun oibre air is ní bhféidir é a thraochadh. Bhí Seáinín ábalta go maith anois ar na páipéir do léamh agus do thuiscint agus chonaic sé go raibh áit éigin thar lear go dtugadh daoine saibhreas i rith a marthain as.

Is minic a dúirt Seáinín leis féin, go dtiocfadh an lá fós agus go mbeadh gnó aige an mbó dá heireaball, agus más fear é féin a bheadh beo fé chúpla bliain eile, go mbeadh sé san áit sin i measc na meithile.

Bhí an aimsir á mheilt, agus ní mór an mhoill a bhíonn bliain ag sleamhnú ar dhuine a bhíonn ar a thoil féin, agus dob shin 'nú aige Seáinín é. Ní raibh uaidh ach obair agus a toradh a bheith aige. Tháinig lá agus bliain eile agus fuair Seán a chulaith bhreá éadaigh agus an mháthair chomh maith. B'fhiú san an bheirt, mar bhíodar go galánta umhal dá máistir agus an máistir ómósach dóibh. Tháinig lá agus dúirt Seán lena mháthair go raibh áit éigin thar lear agus go raibh triall na ndaoine go léir ann.

7

Cá'n áit sin ann arsa an mátair, aċ ní
ġnáċaċ ión-ea móṙ aiṙ na buaiḃ ċaṙ
leaṙ, aguṡ b'feaṙṙ liomṡa ná beaḋ aon ċum-
cain agat aiṙ a ḃeiṫ afaiġṫ aiṙ an áit
sin. Duine go ṙiṫeann leṡ go h-álum ann
aguṡ fice duine uile go ḋ-ṫóġan sé a
ġ cuṙam ḋon ṫṡaol. Tá sé maiṫ i'm
aiġne arsa Seán agam ḋá ṙiṫead liom
ṡeaċt mbliaḋana, a ċaiṫeaṁ ann na beaḋ
aon lá ḋeala ḃ go ḋeo apiṡṫ agam ná
agaṫ-ṡa am ċeannṫa. Ná ṡtopaim-ṡe
iú ó ṗé áiṫ go maiṫ leaṫ ḋul ḋo ċeiṙċe
óṗḋaiḃ na Cṙuinnṫ maṙ tá sé páiṙṫe
ṙiaṁ goṙ beaċa ḋuine a ċoil, tá aon
ṁḋe amáin aż ḋéanaṁ ṫṙoblóiḋe ḋom
arsa Seán, Cad é sin arsa an mátaiṙ
tuṡa muiṡ arleiṡean Cad a ḋéanfaiṙ an
faid a ḃeaḋ ṡa ċaṙ leaṙ. ḋeanfad ṡa
an b'feaṙṫ maṙ a ḃfuill agam má fáccaṙ
ann me. tá go maiṫ arsa Seán ḋeanfad ṡa
leṡ an b'feiṙimeóiṙ feaidinṫ aḋ ṡaiṡ τ aṙe
a ċúḃaiṙṫ ḋuṫ go ḋoeifaḋ fein an ḋáċaiṡ
oṙuṡṫ. Sin maṙ bí aea Cuaiḋ Seán go ḋṫi
an b'feiṙimeóiṙ aguṡ ḋinniṡ ḋo Cunnaṡ maṙ
bí ṫ ṙud ṡíoṡ, aguṡ ná ṙaiḃ aon niḋe aige
ḋá iaṙṙaiḋ aiṙ aċ a mátaiṙ ṡ'fáġainṫ ṡa
tiṡ no go ṡ-Coṡfaḋ sé fein coṙ naṡ. bí
ana ionġanṫaṡ aiṙ an b'feiṙimeóiṙ nuaiṙ
u bí an ṡżéal Cloiṡṫe aige τ léan an
ḋomain aiṙ Seán a ḃeiṫ ṡá b'fáṡainṫ
umṡon, aċ maṙ sin fein bí a 'oṡ aṙe
ṡoṙ b'feaṙ Seán go ṙaiḃ ṫṙaiṫ amaṙ
ann ní ṡoṙ nioṙ un ġuṙaṡ żan Seanċa
u ḃeiṫ aiġe.

"Tá an áit sin ann," arsa an mháthair, "ach is gnách adharca móra ar na buaibh thar lear, agus b'fhearr liomsa ná beadh aon chuimhneamh agat ar a bheith ag faire ar an áit sin. Duine go ritheann leis go hálainn ann agus fiche duine eile go dtógann sé a gcúram den tsaol."

"Tá sé meáite i m'aigne," arsa Seán, "agam dá rithfeadh liom seacht mbliana a chaitheamh ann, ná beadh aon lá dealbh go deo aríst agam ná agatsa im' theannta."

"Ná stopaimse thú ó pé áit go maith leat dul de cheithre ardaibh na cruinne, mar tá sé ráite riamh gur beatha dhuine a thoil."

"Tá aon ní amháin ag déanamh trioblóide dom," arsa Seán.

"Cad é sin?" arsa an mháthair.

"Tusa, mhuis," ar seisean. "Cad a dhéanfair an fhaid a bheadsa thar lear?"

"Déanfadsa an bheart mar a bhfuil agam, má fágtar ann mé."

"Tá go maith," arsa Seán. "Déarfadsa leis an bhfeirmeoir féachaint id' dhiaidh agus aire a thabhairt duit go dtiocfad féin 'on dúthaigh aríst."

Sin mar a bhí acu. Chuaigh Seán go dtí an bhfeirmeoir agus d'inis dó conas mar bhí thríd síos, agus ná raibh aon ní aige á iarraidh air ach a mháthair d'fhágaint sa tigh nó go gcasfadh sé féin thar n-ais. Bhí an-iontas ar an bhfeirmeoir nuair a bhí an scéal cloiste aige, agus léan an domhain air Seán a bheith á bhfágaint ansan, ach mar sin féin, bhí a fhios aige gurbh fhear Seán go raibh teacht aniar ann is gur mhór an trua gan seans a bheith aige.

Bí Seán ina śáśta nuair a ċonnaic sé fear
an tiġe ċó deas leis agus go mór mór mar
ġeall air a máṫair mar dubairt an feirm-
tóir leis ná fáicfad an máṫair an tiġ no
go mbearfad an bás le í. fuair Seán é
féin ollaṁ i g-cómair an bóṫair 7 ní mór
an maoill a bí air sa naoṁ go bfuair
sé sgeala go mbead spiaċ ag imteaċt
on g-cób i g-ceann seaċtṁaine is gur
bféidir leis a beiṫ uirṫe. nuair a fuair an
feirmtóir amaċ go raib Seán ag imteaċt
ċó sgearaid d'aimsair cuir sé gairim scala
amaċ air fuaid na h-áite go léir go mbead
oiḋċe śuġaċ age's gaċ duinne na tiġ féin
an oiḋċe sor a b-fáġfad Seanáin an tiġ.
ṫanaig an oiḋċe ṫé deiread agus má ċan-
a biṫérd d'oiḋċe ó ċruinnead an domain na
ó śom anuas, bí ceól is spórc is doibneas
nr is ná braċaċ aon ni gor ġeal an lá air
maidin is go raib an "Gangle" śa bualle
Cuir Seánín a scruba le on mballe. Sm
é an nuair a bí an dul tri na ċéile ann
gaċ duinne is a spiaċ féin age. aé má
bí ios age gok bé féin té neáir í teaċt i
ní ṗó geárr so mbead sé gailiċe leis.
d'fáġ sé slán agus buṫaċt age na
cáirde go léir agus annson cuaid sé
go dtí na máṫair tug sé póg aguśfiċ
i aguś dubairt ná bead sé féin beo
mar a mbead sé annśo air an láṫair
i g-ceann seaċt mbliadan.

Bhí Seán an-shásta nuair a chonaic sé fear an tí chomh deas leis, agus go mórmhór mar gheall ar a mháthair, mar dúirt an feirmeoir leis ná fágfadh an mháthair an tigh nó go mbéarfadh an bás léi í. Fuair Seán é féin ullamh i gcomhair an bhóthair is ní mór an mhoill a bhí air san am go bhfuair sé scéala go mbeadh árthach ag imeacht ón gCóbh i gceann seachtaine is gur b'fhéidir leis a bheith uirthi. Nuair a fuair an feirmeoir amach go raibh Seán ag imeacht chomh gairid d'aimsir, chuir sé gairm scoile amach ar fuaid na háite go léir go mbeadh oíche shúgach aiges gach duine ina thigh féin an oíche sara bhfágfadh Seáinín an tigh. Tháinig an oíche fé dheireadh agus má tháinig, tháinig an bheag is an mhór. Níor tháinig a leithéid d'oíche ó cruinneadh an domhan, ná ó shin anuas. Bhí ceol is spórt is aoibhneas acu, bia is deoch des gach saghas, sa tslí is ná braitheadh aon ní gur gheal an lá ar maidin is go raibh an ''Gangle'' sa bhuaile chun Seáinín a sciobadh léi ón mbaile. Sin é an uair a bhí an dul trína chéile ann, gach éinne is a scréach féin aige. Ach más ea, níor chuir Seáinín aon tsuim iontu. Bhí a fhios aige gurb é féin fé ndeár í a theacht agus ní róghearr go mbeadh sé bailithe leis. D'fhág sé slán agus beannacht aigena chairde go léir agus ansan chuaigh sé go dtína mháthair. Thug sé póg agus fiche di agus dúirt ná beadh sé féin beo mara mbeadh sé anso ar an láthair i gcionn seacht mblian.

Dimtig sé leis té téin na loinge a bí ollaṁ
aige Cóib Corcaiġe an áit so bfuill
cróiḋe na h-Eireann ṁnice riaṁ crid amaċ
lá arna ṁáireac bí Séáinín ⁊ a cúl lé
tír ⁊ a aġaiḋ féin muic ⁊ níl innsint
sġéil air nó go maiṫ leis féin é. Cásṡ na
tuairisc ní tánaig ó Séáinín no go raib lá ⁊
bliaḋain caiṫte. Sin é an caoṁ a tánaig
tír uaiḋ go dtí an feirimeóir An béas ⁊
an ṁór ṡakkaiġe aige agus gan ḋabaċ an
ṁáṫar. Ní ḃí aon ion tas é Sin aċ bí ṡere
lé fice púnc airġid innṫe deiċ púinnt don
ḃfeirimeóir ⁊ an cuid uile ḋá ṁáṫair.
Ġaċ aon lá agus bliaḋain do sunneaḋ Seán
é Sin agus ⁊ minic a cuir an feirmeóir
tuir cuige dá cappaid air sgríob níos minicé
aċ Sin a raib ḋá ṁaiṫ do ann. Nuair a bí
a teaṁra tub apṡa tall aige Seán níor
dinn ṡé deap ṁaḋ dá cuid cainnt nuair
aṡáġ ṡé an baile ⁊ maiṫ a bí ⁊⁊ aige go
raib ṡeaċt mbliaḋana caiṫce ⁊ go raib có
maiṫ aige ⁊ gan dul ṡuap air focal. Sin
tuir leis. Bailiḃ Seán ṡuas a cuid go
leis ⁊n naon ġrunc amáin agus tug
aġaiḋ air a tír ḋúċaiṡ aríṡt. Cuid ṁór
tuḃapta díoṁaoin aige gan oiread ⁊ aon lá aṁáin
ṡa ġrunc a bí a cuid airġid go leik uġus
gaċ aon áit go mbíod Seán bíoḋ an ġrunc
ann. Tánaig ṡé i dtír i ⁊-cóib mar a táṡ
ṡé. Buail fear aige ósca leis air an
spáid. D'fiarfaiḋ an fear son do Seán
a bfanfaḋ ṡé air an mbaile anoċt.

D'imigh sé leis fé dhéin na loinge a bhí ullamh aige Cóibh Chorcaí, an áit go bhfuil croí na hÉireann imithe riamh tríd amach. Lá arna mháireach, bhí Seáinín is a chúl le tír is a aghaidh fén muir, is níl insint scéil air nó go maith leis féin é. Tásc ná tuairisc ní tháinig ó Sheáinín nó go raibh lá is bliain caite. Sin é an t-am a tháinig litir uaidh go dtí an feirmeoir, an bheag is an mhór fiafraí aige, agus gan dabht, an mháthair. Níorbh aon iontas é sin, ach bhí seic le fiche punt airgid inti, deich puint don bhfeirmeoir is an chuid eile dá mháthair. Gach aon lá agus bliain do dheineadh Seán é sin, agus is minic a chuir an feirmeoir litir chuige á iarraidh air scríobh níos minicí, ach sin a raibh dá mhaith dó ann. Nuair a bhí a théarma tabhartha thall aige Seán, níor dhein sé dearmad dá chuid cainte nuair a d'fhág sé an baile. Is maith a bhí a fhios aige go raibh seacht mbliana caite agus go raibh chomh maith aige gan dul siar ar a fhocal. Sin mar bhí leis. Bhailibh Seán suas a chuid go léir in aon trunc amháin agus thug a aghaidh ar a thír dhúchais aríst, cuid mhór airgid bailithe aige, gan oiread agus aon lá amháin tabhartha díomhaoin aige ó d'fhág sé an baile. Sa trunc a bhí a chuid airgid go léir agus gach aon áit go mbíodh Seán, bhíodh an trunc ann. Tháinig sé i dtír i gCóbh mar ar fhág sé. Bhuail fear tí ósta leis ar an tsráid. D'fhiafraigh an fear san de Sheán an bhfanfadh sé ar an mbaile anocht.

Dúbairt Seán go 3. Caitfeað Sé fnacc mar
map bféidir ley dul abaile go madan mar
ná Raib an Gangle ag fáɡainc go madan.
Téanam ort homsa map sin apsa an fear
uile tá Hotel Bneáɡ agam sa aguy nilim
Ró daor ap fad aip aoinne amáin a
bíonn ag imceacc map sin. Tá go maic
upsa Seán ní Caitfeað fnacc té grúine
atá ag teacc isceaċ cuɡam ón áipac.
fanfadsa ley leac apsa an fear go.
Díocfaid Sé. map sin a bí nuaip a táinoɡ
an grúine tuɡ Seán aguy an fear tiɡe
leo vicorta é. Cuip an Sompa fém e
Sin apsa Seán tá go maic apsa an
fear uile. Cuipeað an grúine na Seompa
aguy tuɡað an iócaip go Seán. tána ɡaoin
cóðalta aguy Cuaid Seán an leabais 7
uip aguy ní bpaċ Sé ɡaoi ná baisteaċ
go maidin ɡeal amaireaċ. nuaip a muíʃ-
Cail Seán ay a cóðlad ʃféaċ Sé
map a Raib an grúine ɖé an báɡa ná naib
bluine ɡo ann. Do léim Sé ay an babaid
aguy Cuip aip a cuid búðaiɡ. Cuaid Sé
go dtí an dopoy 7 má Cuaid ɡo bí an
ɡlay ɡo dangan aip. ó Muɡne Mátaip
mo Cuid an tsaoɡal imiɡe ɡo deónuɖam
aip Seyʒan. nuaip Sé an iócaip aguy
Cainnte té fear an tiɡe map ɡeall aip
aɡe Sin map dia aguy bait ley Conuuy
map tuc Son amaċ.

Dúirt Seán go gcaithfeadh sé fanacht mar nárbh fhéidir leis dul abhaile go maidean, mar ná raibh an "Gangle" ag fágaint go maidean.

"Téanam ort liomsa, mar sin," arsa an fear eile. "Tá Hotel breá agamsa agus nílim ródhaor ar fad ar éinne amháin a bhíonn ag imeacht mar sin."

"Tá go maith," arsa Seán, "ach caithfead fanacht le trunc atá ag teacht isteach chugam ón árthach."

"Fanfadsa leis leat," arsa an fear, "go dtiocfaidh sé."

Mar sin a bhí. Nuair a tháinig an trunc thug Seán agus an fear tí leo eatarthu é.

"Cuir im' sheomra féin é sin," arsa Seán.

"Tá go maith," arsa an fear eile.

Cuireadh an trunc ina sheomra agus tugadh an eochair do Sheán. Tháinig am codlata agus chuaigh Seán 'on leabaidh agus gá aige leis. Thit a chodladh go trom air, agus ní bhraith sé gaoth ná báisteach go maidin gheal amáireach. Nuair a mhúscail Seán as a chodladh, d'fhéach sé mar a raibh an trunc, ach ambasa, ná raibh blúire de ann. Do léim sé as an leabaidh agus chuir air a chuid éadaigh. Chuaigh sé go dtí an doras agus má chuaigh, do bhí an glas go daingean air.

"Ó Mhuire Mháthair, mo chuid 'en tsaol imithe go deo uaim," ar seisean.

Fuair sé an eochair agus d'oscail sé an doras agus chuaigh chun cainte le fear an tí mar gheall ar an dtrunc. Thit an lug ar an lag aige sin mar dh'ea agus b'ait leis conas mar thit san amach.

Dúbairt Seán leis ná raib aon duine chun
aon láim a cur ann ać amáin é féin nó
duine leis 7 ná greidfead sé uaid ná go raib
pos aige cá'r gaib sé. Dúbairt fear a tíge
ná raib bainne nó páirc aige féin ann agus
gor bair an uairim a bí aige ar. Neadfair
Seán cad do ċeapt do a déanam. Mor din
sé ać dul amać go dtus an tíge ósta agus
suide síos ar bun na fneóige agus gronad
ar gol. Tug sé an lá so leis mor sin agus
tagad fear a tíge ćuige anois agus arist agus
deyread sé leis nár ċeapt do a beit ag gol
timćeall a tíge féin agus mar a bfáćas Séan
úir agus dul abaile go mbead na póilini ag
teaċt a guall air is ceann uair a ċlois. Y
cuma liompa arsa Seán mar geall air póilini
ná air aon duine uile fanfad annso nó go
dtoefaid an bás ćugam mar is cuma liom a
beit beo no marb anois mar tá a raib an
fad gor gaib gaize duine uasal an gspaid
agus ċuaid cum cainnte lé Seán agus dfarrais
do cad a bí mar sin air ó madan indiu
dinnis Seán an ċuppa do ritd síos gać
aon ćunntas cunnas mar tug fear antíge
án gruic na ceannta mar tug sé ocair
seompra códalca do 7 gać rud. Ná bac son
air féidir liompa teaċt luas leis taoi a
geall. An biull oeras ort no air itir aon
greim ó badan. Níor iċeas aon greim ó
spéir agus ni'ioffad aon greim go bráć arist
arsa Seán mar a bfaizead njo gruic mar
bí mo štop go leir bailite síos agam ann.

Dúirt Seán leis ná raibh éinne chun aon lámh a chur
ann ach amháin é féin nó duine leis, agus ná creidfeadh
sé uaidh ná go raibh a fhios aige cár ghaibh sé. Dúirt
fear an tí ná raibh baint ná páirt aige féin ann agus
gurb ait an tuairim a bhí aige as. N'fheadair Seán cad ba
cheart dó a dhéanamh. Níor dhein sé ach dul amach go
doras an tí ósta agus suí síos ar bhun na fuinneoige
agus cromadh ar ghol. Thug sé an lá go léir mar sin
agus thagadh fear an tí chuige anois agus aríst agus
deireadh sé leis nár cheart dó a bheith ag gol timpeall a
thí féin, agus mara bhfágfadh sé an áit agus dul abhaile,
go mbeadh na póilíní ag teacht ag triall air i gceann
uair an chloig.

"Is cuma liomsa," arsa Seán, "mar gheall ar phóilín
ná ar aon duine eile. Fanfad anso nó go dtiocfaidh an
bás chugam, mar is cuma liom a bheith beo nó marbh
anois, mar tá a raibh 'en tsaol agam imithe uam."

Ní fada ar fad gur ghaibh gaige duine uasail an tsráid
agus chuaigh chun caint le Seán agus d'fhiafraigh de
cad a bhí mar sin air ó mhaidean inniu. D'inis Seán an
cúrsa dó tríd síos, gach aon chuntas, conas mar thug
fear an tí an trunc ina theannta, mar thug sé eochair
sheomra codlata dó, agus gach rud.

"Ná bac san, a bhuachaill bháin," arsa an duine
uasal. "Marar féidir liomsa teacht suas leis, taoi á cheal.
An bhfuil ocras ort, nó ar ithis aon ghreim ó mhai-
dean?"

"Níor itheas aon ghreim ó aréir, agus ní íosfad aon
ghreim go brách aríst, "arsa Seán, "mara bhfaighead
mo thrunc, mar bhí mo stór go léir bailithe síos agam
ann."

Teanam liomsa arsa an duine uasal anois 7 má
tá an trunc sa tig beid sé agamsa air
maidin amáireach duit, ach mar a bé fear
an tighe a chuir aon ghiúca ann táncú
dá éismuis. Chuir an duine uasal Seán
air a lóistin sa tig go mbíod sé féin ag
freastal agus dúbairt sé le bean a tige gan
aon nidhe a cheilt air an mbuachaill sin
go dtí go dtiocfad sé féin ag triall air air
maidin amáireach. Dimtig sé féin leis
annson agus chuaid cum cainnte leis an
s-cailín annsaire a bí sa tig uile mar
bí aicne mhait aige uirre. Chuir sé lámh na
Póca agus tóg aníos bíle cúig bpúnt 7 chuir
wceach na dóran iad. Bíod an meid sin agat-
sa arseisean, ach caithfair an béart u dheanamh
go slic 7 go gasta mar beid mo dhóran. Sa gr
annóct. Dinnis sé an sgeal di mar geall air
an yank a bí sa tig leo aréir gor goideadh
a trunc uaid agus é lán d'airgeagad. Caithfair
myse a stiúrad go mhait anoct ar sa andune
uasal mar táim cum teact suas le fear atighe
mar tá iós agam go mhait gor bé a goid é.
deanfad arsa an cailín. Dimtig sé an
son agus ní fada bí sé nuair a chas sé
tar nais agus mála mhór bótair aige.
dúbairt sé leis an s-cailín seomra fir
a tighe a teaspáint go agus má sead
gor bí a bí go húmhal dá deanamh.
Dún amach an doras agus fuair é féin
ollamh i g-cómair gaisce u gnótha,
ác fead ná glaoch ní raib sa tig, nó,

"Téanam liomsa," arsa an duine uasal, "anois agus má tá an trunc sa tigh, beidh sé agamsa ar maidin amáireach duit, ach marab é fear an tí a chuir aon chrúca ann, tánn tú dá éamais."

Chuir an duine uasal Seán ar a lóistín sa tigh go mbíodh sé féin ag fanacht agus dúirt sé le bean an tí gan aon ní a cheilt ar an mbuachaill sin go dtí go dtiocfadh sé féin ag triall air ar maidin amáireach. D'imigh sé féin leis ansan agus chuaigh chun cainte leis an gcailín aimsire a bhí sa tigh eile, mar bhí aithne mhaith aige uirthi. Chuir sé lámh ina phóca agus thóg aníos bille cúig bpunt is chuir isteach ina dorn iad.

"Bíodh an méid sin agatsa," ar seisean, "ach caithfir an bheart a dhéanamh go glic agus go gasta, mar beidh mo sheasamhsa ort anocht."

D'inis sé an scéal di mar gheall ar an Yank a bhí sa tigh seo aréir, gur goideadh a thrunc uaidh agus é lán d'airgead.

"Caithfir mise a stiúradh go maith anocht," arsa an duine uasal, "mar táim chun teacht suas le fear an tí, mar tá a fhios agam go maith gurb é a ghoid é."

"Déanfad," arsa an cailín.

D'imigh sé ansan agus ní fada bhí sé nuair a chas sé thar n-ais agus mála mór bóthair aige. Dúirt sé leis an gcailín seomra fhir an tí a theaspáint dó agus más ea, gurb í a bhí go humhal á dhéanamh. Dhún amach an doras agus fuair é féin ullamh i gcomhair gaisce is gnótha, ach fead ná glao ní raibh sa tigh nó

go dtánaig aimsair códalta. Chuaid bean
a tíże anáird na seompa chur suain di
féin, ac nuair a dhoscail sí isteac an
doruy deyimse leac gor bainnead leac ayna
súile aici. Cad a bead roimpe ac slapaide
ayuy adápca ayuy duine go raib oiread bó do
cabail aige. Nuair a connaic fear na leapa
an bean sa doruy go raob uy go syrac sé
gac níde a bí na timceall. do rit an bean
lé fánaiz, ac có luat ayuy tánaiz sí annuy ay
an úplár cuir an canam ayce, a yarcuy
uyra an fear cad so imtie ort. no an
bfuill an tanam caulte ayat. Nuair a tánaiz
un bean ay an luige dinnuy sí don bfear
cad a bí sa t-seompa. dubayr an fear lé
ná feadfad fait a béit sa t-seompa ac gor
ban a cuisigeac an méid sin dít. Seo leat
féin mar sin uyra an bean ayuy bíod grudl
ayat ort féin. dmtiz an fear uy fuadar fé
ac má dmtiz bí deabad a react air. ó a
nuyre Mátayr ayseisean uy fíor son ayuy uy
mayruy go mbíonn aon láim aige iz. Cud duine
eile ayseisean tá an dial sa leabaiz. bí an
fear anayde ayuy fótapam ayuy dul tri
céile aige dá déanaim. teanaim ort ayseisean
len mnaoi az tquall ay an sazart mar a z-cuy-
faid son ay é neadfeadair aoinne cad a deanfaid
sé. dmtiz an beyt 7 stad ná staddira níor dmm-
eadar go sporteadar an sazart 7 dinnseadar
do cunnay mar bí. tánaiz gríot cor uy táma
ay an sazart, ac má tánaiz ní leiz sé air é.
tánaiz sé anciz uy có luat uy braz an dial
an sazart az react nuyr fótapam go dtí é.

go dtáinig aimsir chodalta. Chuaigh bean an tí in airde ina seomra chun suain dhi féin, ach nuair a d'oscail sí isteach an doras, deirimse leat gur baineadh leathadh as na súile aici. Cad a bheadh roimpi ach slabhraí agus adharca agus duine go raibh oiread bó de chabhail aige. Nuair a chonaic fear na leapa an bhean sa doras, do réab is do straic sé gach ní a bhí ina thimpeall. Do rith an bhean le fánaidh. Ach chomh luath agus tháinig sí anuas ar an urlár, thit an t-anam aisti.

"A thiarcais," arsa an fear, "cad so imithe ort, nó an bhfuil an t-anam caillte agat?"

Nuair a tháinig an bhean as an laige, d'inis sí don bhfear cad a bhí sa tseomra. Dúirt an fear léi ná féadfadh faic a bheith sa tseomra ach gurb ann a taibhsíodh an méid sin di.

"Seo leat féin, mar sin," arsa an bhean, "agus bíodh triail agat ort féin."

D'imigh an fear is fuadar fé, ach má dh'imigh, bhí deabhadh ag teacht air.

"Ó, a Mhuire Mháthair," ar seisean, "is fíor san, agus is mairg go mbíonn aon lámh aige i gcuid duine eile," ar seisean. "Tá an diabhal sa leabaidh."

Bhí an fear in airde agus fothram agus dul trí chéile aige á dhéanamh.

"Téanam ort," ar seisean lena mhnaoi, "ag triall ar an sagart. Mara gcuirfidh san as é, n'fheadair éinne cad a dhéanfaidh sé."

D'imigh an bheirt agus stad ná staonadh níor dheineadar go sroicheadar an sagart agus d'inseadar dó conas mar a bhí. Tháinig crith cos is lámh ar an sagart, ach má tháinig, ní lig sé air é. Tháinig sé 'on tigh is chomh luath is bhraith an diabhal an sagart ag teacht, níor fhothram go dtí é.

Chuaidh an Sagart an t-Sompla 7 má sheadh bhí an
Piast mhallaithe ann roimhis té na cuid croicean is
crúba is deargtha. Níor dhin an Sagart ach an
leabhar a tharrac amach 7 a bheith a léigheam leis,
ach dá mbeadh sé a léigheam go ceann seachtmhaine
ní thiubharfadh an diol aon chor air. Nuair a bhí
an Sagart coptha ó a bheith a léigheam 7 na raibh
fear na leapa ag fágailt ná aon fonn air chuige
go labhair sé leis mar seo. A fir mhóir ar seisean
cad é fáth go cuireag air an dtig seo go bhfuil
comhnaidhe agat dá dhéanamh ann. Sin é an
nuair a mhúscail fear na leapa suas é féin, agus
dubhairt ná bheadh sé féin annso ach leath-uair eile
má rud é go ndéanfadh fear an tighe faoisdaoine
glan leis sin, agus anois apsa é sin leis an Sagart
imthigh ort agus abair leis go g-caithfir faoisdaoine
d'éisteacht do. D'imthigh an Sagart go capaidh 7 chuaidh
go dtí fear a tighe 7 d'innis do cad dubhairt
fear na leapa leis. Maith go leor arsa fear a tighe
seo leat, nuair a bhí an méid sin déanta aige'n
Sagart, chuaidh sé anairde go dtí an n-diol aríst
agus dubhairt sé leis go raibh faoisdine mhaith déan
ta aige'n bhfear thíos ó shoin. Cad dubhairt sé
leat siar arsa fear na leapa. Ní sé ceart agamsa
arsa an Sagart aon ní mar sin d'innsint
d'aon duine na bhfeadar 7 ní neósfad duit-se
leis é. Mar a neósfair domhsa é arsa fear na
leapa beidh an tigh dóite air an neoiminte.
Cad é nidh atá uait lé hinnsint dínt arsa an
Sagart mar sin. Tá aon nídh amháin i sé rud
é 7 beidhir nár innis an fear thíos fós dhuit é
crime a ghoid sé ó bhuachaill a tánaig ó America
aréir.

Chuaigh an sagart 'on tseomra, agus más ea, bhí an phiast mhallaithe ann roimis féna chuid croiceann is crúba is adharca. Níor dhein an sagart ach an leabhar a tharrac amach agus a bheith ag léamh leis, ach dá mbeadh sé ag léamh go ceann seachtaine, ní thabharfadh an diabhal aon tor air. Nuair a bhí an sagart curtha ó a bheith ag léamh agus ná raibh fear na leapa ag fágaint ná aon fhonn air chuige, do labhair sé leis mar seo.

"A fhir mhóir," ar seisean, "cad é fáth do chúise ar an dtigh seo go bhfuil cónaí agat á dheánamh ann?"

Sin é an uair a mhúscail fear na leapa suas é féin, agus dúirt ná beadh sé féin anso ach leathuair eile má rud é go ndéanfadh fear an tí faoistine ghlan leis sin, "agus anois," arsa é sin leis an sagart, "imigh ort agus abair leis go gcaithfir faoistine d'éisteacht dó."

D'imigh an sagart go tapaidh agus chuaigh go dtí fear an tí agus d'inis dó cad dúirt fear na leapa leis. "Maith go leor," arsa fear an tí, "seo leat." Nuair a bhí an méid sin déanta aige an sagart, chuaigh sé in airde go dtí an ndiabhal aríst agus dúirt sé leis go raibh faoistine mhaith déanta aige an bhfear thíos ó shin.

"Cad dúirt sé leat, a Athair?" arsa fear na leapa.

"Níl sé ceart agamsa," arsa an sagart, "aon ní mar sin d'insint d'aon duine ina bheathaidh, agus ní neosfad duitse leis é."

"Mara neosfair domsa é," arsa fear na leapa, "beidh an tigh dóite ar an neoimint."

"Cad é an ní atá uait le hinsint dhuit?" arsa an sagart mar sin.

"Tá aon ní amháin, agus sé rud é, agus b'fhéidir nár inis an fear thíos fós duit é, trunc a ghoid sé ó bhuachaill a tháinig ó America aréir."

ram bruatar féin nár innis sé an rud son
cuige dona apsa an sagart. tréig cuige
arís agus fiarraig do a raib aon lámiṅ tige
ann. Imtig an sagart síos arís 7 dúbairt
sé le fear a tige nár dinn sé faoisdine
ceart mar dá ndéanfad go mbead an fean
maiṅd imirce leis fado. do dinneas atair
faoisdine co glan agus nár dinneas riaṁ
7 ná déannfad coíce arís, an mar sin é
arsa an sagart. sead atáir níl aon breag
agam dá innsint dut. Sead anois mar sin
arsa an sagart beid a bfuill annyo doíce
1s conn beáuair uile agus má innisean
rusa an fírinne beid lim. ó a atair goideas
trúine. ó buacaill aréir a bí lán go brua c̄
darayead. ó is fíor son arsa an sagart as
cur do anáirse. Sead anois atáir arsa
fear na leapa cad aon tuairisc aca agat
cájam. tá an ceart agat-sa arsa an
sagart. Imtig leat anois arsa fear na leapa
leis an sagart 7 abair leis an gunc agus
a raib ann a cur go drí tig féin meṁfac̄t
leat 7 nuair a beid son déanca agaib go
mbeid an dial imirce leis go hárd éigin
uile 7 bead. sa as cainnt leat féin goluat
ṅr maidiṅ amaireac. Imtig an sagart
síos 7 dúbairt leis an bfear tios an gunc
7 a raib ann a cur na tis féin 7 co luat
7 dimteóc an gunc go mbeadi an dial
imirce leis. ní raib ó fear a tige ac é féin
sfágail glan don bfear mór 7 cuir sé
an gunc go tis an sagairc go caraid

"Am briathar féin nár inis sé an rud san chuige dom," arsa an sagart.

"Tréir chuige aríst agus fiafraigh de a raibh aon lámh aige ann."

D'imigh an sagart síos aríst agus dúirt sé le fear an tí nár dhein sé faoistine cheart, mar dá ndéanfadh, go mbeadh an fear in airde imithe leis fadó.

"Do dheineas, a athair, faoistine chomh glan agus nár dheineas riamh, agus ná déanfad choíche aríst."

"An mar sin é?" arsa an sagart.

"Is ea, a athair, níl aon bhréag agam á insint duit."

"Sea anois, mar sin," arsa an sagart. "Beidh a bhfuil anso dóite i gcionn leathuair eile agus má iniseann tusa an fhírinne, beidh linn."

"Ó, a athair, ghoideas trunc ó bhuachaill aréir a bhí lán go bruach d'airgead."

"Ó is fíor san," arsa an sagart, ag cur de in airde.

"Sea anois, a athair," arsa fear na leapa, "cad é an tuairisc atá agat chugam?"

"Tá an ceart agatsa," arsa an sagart.

"Imigh leat anois," arsa fear na leapa leis an sagart, "agus abair leis an trunc agus a raibh ann a chur go dtí do thigh féin in éineacht leat, agus nuair a bheidh san déanta agaibh, go mbeidh an diabhal imithe leis go háit éigin eile agus beadsa ag caint leat féin go luath ar maidin amáireach."

D'imigh an sagart síos agus dúirt leis an bhfear thíos an trunc agus a raibh ann a chur ina thigh féin, agus chomh luath agus a d'imeodh an trunc, go mbeadh an diabhal imithe leis. Ní raibh ó fhear an tí ach é féin d'fháil glan den bhfear mór, agus chuir sé an trunc go tigh an tsagairt go tapaidh.

nuair a tánaig sé tar n-ais bí an fear mór
imiṫe leis gan a ṫuairisc tánaig an madan
7 buail an duine uasal isteaċ go dtí Seán
boċt a bí go Gráice ⁊ go Cḃpiċċ mar ar
ċuir sé aréir promisín é. Seaḋ a Seáin cunas
mar bí agat aréir. go maiṫ a duine uasail
arsa Seán. teanam liomsa anois arsa an
fear uasal. Dimṫiġeaḋar leo 7 Stad na Staona
mór ḋinneaḋar gor ċuaḋar go dtí an Sag-
art. Buaileaḋar isteaċ 7 ċuaḋar ag cainnt
leis an Sagart agus nuair a ċonnaic an
Sagart cé bí ann tánaig leaṫaḋ air a ṡúile
ó Ċonnaill. Seaḋ anois aċoir arsa Dónall an
méid teizċeopeséċ a ḋinnis aréir orm tóg díom
mo ṫeallaḋ sin aréir 7 ⁊ sé léo i n-uirḟeaċt liom gor
goideaḋ an ṫrú uaid. nuair a ċualaiḋ
Seán go raiḃ an ṫrú faiċ tánaig oiread
bó ḋo Ġroiḋe. Ann. 7 nuair a ċualaiḋ sé
gor bé Dónall leizeanca ó Connaill
a fuair do ⁊ bo mó ná son an Seóp a tánaig
air. bí aṫne maiṫ aige Dónall air Seán aċ
ní leig sé air é Sin leis fuair Seán an ṫrú
7 tug sé siúntús do Dónall tánaig sé aḃaile
go dtí na máċair annson agus ní tánaig a
leiṫeid doiċċe riaṁ 7 mar bí i dtuṫ an feirmeóaċ
amaċ nár go pós sé ingnean an ḟirmeóra
7 leaṫ na talaṁan a ċeannaċ 7 do ṁairṁ sé
féin 7 a máċair iaṫean ann go Sofċa air son
amaċ. aċ mor a mbeaḋ Dónall ó Connaill
go béaḋ ciar air féin mar duḃairt an fear.
bí Dónall go maiṫ.

Nuair a tháinig sé thar n-ais, bhí an fear mór imithe leis gan a thuairisc. Tháinig an mhaidean agus bhuail an duine uasal isteach go dtí Seán bocht a bhí go cráite is go clipithe mar ar chuir sé aréir roime sin é.

"Sea, a Sheáin, conas mar a bhí agat aréir?"

"Go maith, a dhuine uasail," arsa Seán.

"Téanam liomsa anois," arsa an fear uasal.

D'imíodar leo agus stad ná staonadh níor dheineadar gur chuadar go dtí an sagart. Bhuaileadar isteach agus chuadar ag caint leis an sagart agus nuair a chonaic an sagart cé bhí ann, tháinig leathadh ar a shúile. Chuir sé fáilte agus fiche roimh Dónall Léannta Ó Conaill.

"Sea anois, a athair," arsa Dónall, "an méid léitheoireacht a dheinis aréir orm, tóg díom inniu iad. Mar is mise an diabhal a bhí sa leabaidh sin aréir, agus is é seo in éineacht liom gur goideadh an trunc uaidh."

Nuair a chualaigh Seán go raibh an trunc fachta, tháinig oiread bó de chroí ann, agus nuair a chualaigh sé gurb é Dónall Léannta Ó Conaill a fuair dó é, ba mhó ná san an scóp a tháinig air. Bhí aithne mhaith aige Dónall ar Sheán, ach ní lig sé air é sin leis. Fuair Seán an trunc agus thug sé síntiús do Dhónall. Tháinig sé abhaile go dtína mháthair ansan, agus ní tháinig a leithéid d'oíche riamh agus mar bhí i dtigh an fheirmeora. Bhí an scanradh airgid ag Seán agus sé rud a thit amach, nár go phós sé iníon an fheirmeora agus leath na talún a cheannach agus do mhair sé féin agus a mháthair agus a bhean ann go sásta as san amach. Ach mara mbeadh Dónall Ó Conaill, do bheadh thiar air féin, mar a dúirt an fear. Bhí Dónall go maith.

Seán ó Criomtain
an Blaoscaod mór
Dún Caoin Daingean Uí Cúise
Co. Ciarraige
15- 9- 34.

Tá dá oileán tiar díreaċ ar an mBlaoscaod
Innis Mic faoileáin ⁊ Innis na bró a ġlaotar
orṫa. Is dá oileán tairiḃṫaċ iad madaur lé
caoire aġus Cuir ràċaḋ ġliomaċ. Tá tiġ
air Innis Mic faoileáin aige muinntir Dála
lé breis ⁊ trí ficeaḋ éigin bliaḋan aġus is
ann a puġaḋ an Dálaċ atá dá ṡealaḃú
anois, aċ amáin ná bíonn Sé ann i puiċ an
ġeimpeiḋ. mar tánais Sé go d-tí an blaos-
caod nuair a fuair a ṡiair ⁊ a maċair
báys ⁊ tóg Sé tiġ ann é féin. Dá briġe
Sin nuair a ṫaġan an bealtanne ġaċ
bliaḋain úrduiġean an Dálaċ a ṡeólta
aġus Seólan go dtí an Innis, aġus
Caiṫeann leaċ bliaḋain innti, aċ amáin
go d-taġan Sé annar ġaċ Saṫaran. Is aġ
raċaċ ġliomaċ a bíonn Sé innti ġaċ
bliaḋain ⁊ iad lé fáġail go fluirseaċ aige.
aċ bliaḋanta an Coġaiḋ móir ní mór an
tairiḃe ġliomaiġ timċeall na n-oileán so
mar nar bféidir aon bád iomair ṫeaċ
ó aon áit Cun iad a Cuir Cun maraġaiḋ
tuir go mbíoḋ an bád fá-tuinn dá
ġeur Síos. leis Sin ní mór an maiṫeas
iare slioġánaċ a maṙḃú aċ beagán
beag a ḋíol fá 'n Daingean Uí Cúise
no i nDobráṫaċ. Nuair a ṫuiġ Son amaċ
bí mo ḋálaċ boċt i g-Cruaiḋ Cás, mar brad
na ġliomaiġ a ṡlí beaṫa priam roime Sin.
Tá Calaḋ na h-Innise naoi míle on m-blaos-
caod ⁊ dá míle ḋeag ó Calaḋ Dún Caoin
⁊ dá bleaċ do ṫaoiḋe móir láḋair sa t-Slíġe
Sin.

Báfar Mé *(ar an imeall)*

Seán Ó Criomhthain
An Blascaod Mór, Dún Chaoin,
Daingean Uí Chúise, Co. Chiarraí – 15-9-'34

TÁ dhá oileán thiar díreach ar an mBlascaod. Inis Mhic
Fhaoileáin is Inis na Bró a glaotar orthu. Is dhá oileán
tairbheach iad maidir le caoire agus chun iascaigh
ghliomach. Tá tigh ar Inis Mhic Fhaoileáin aige muintir
Dhálaigh le breis is trí fichid éigin blian agus is ann a
rugadh an Dálach atá á sealbhú anois, ach amháin ná
bíonn sé ann i rith an gheimhridh, mar tháinig sé go
dtí an Blascaod nuair a fuair a athair is a mháthair bás
is thóg sé tigh ann é féin. Dá bhrí sin nuair a thagann
an Bhealtaine gach bliain, ardaíonn an Dálach a sheolta
agus seolann go dtí an Inis, agus caitheann leathbhliain
inti, ach amháin go dtagann sé aniar gach Satharn.

Is ag iascach ghliomach a bhíonn sé inti gach bliain
agus iad le fáil go flúirseach aige. Ach blianta an
Chogaidh Mhóir ní mhór an tairbhe gliomaigh timpeall
na n-oileán so mar nárbh fhéidir d'aon bhád iomair
teacht ó aon áit chun iad a chur chun margaidh, toisc
go mbíodh an bád-fá-thoinn á gcur síos. Leis sin ní
mhór an mhaitheas iasc sliogánach a mharú ach beagán
beag a dhíolfá i nDaingean Uí Chúise nó in Uíbh
Ráthach. Nuair a thit san amach, bhí mo Dhálach bocht
i gcruachás, mar b'iad na gliomaigh a shlí bheatha
riamh roime sin.

Tá caladh na hInise naoi míle ón mBlascaod agus dhá
mhíle dhéag ó chaladh Dhún Chaoin, agus dhá
bhealach de thaoide mhór láidir sa tslí sin,

agus is lán minic cúntúbairt is baoghal báidte
minti. Cé go bfuil sé le maoidheam aige is
na h-oileánaig nár bádadh aon bád leo riam.
Acht tá an dálach na mhairnéalach is fairrge
có maith le cach chun gnímh. Tímceall na
bliadhna déanach d'on geogadh-mór féin
mar dúbart cheana ní raibh aon luach ar
na glomaig agus ní bíodh na h-oileánaig
dá n-largcach chuige, acht amháin daoine
ná bíodh aon nídh eile mar chúram orca
béidir go ndéanfaidís cupla poca suas
chun popcáin do mharbhú agus na popcáin
sin d'úsáid mar báoite chun éisc éigin
eile do mharbhú, chuir i gcás bolluig no
deapagain. Tánaig an bealtaine is
féin mar ba ghnáth leis an n-dálach ní
raibh fead ná glaoc aige ó'n uair nár
bhraic sé go raibh aon duine chun aon poca
a dhéanamh agus gan aon t-seift aige
chun na fígíne acht amháin an glasmicín
dubh féin mar a dúbairt sé féin. Bí
fear do Mhuínntir Seághdha ar an mbaile
is ní raibh sa tig acht é féin, fear tuairim
is dathadh bliadan daoís. Ní bíodh aon
chúram sa t-saol air sin o tánaig sé
i n-aoís fir, acht ag sealgaireacht air an
b-fairrge. Chuaidh mo dhálach chun cainnte
leis féacaint an bhféidir leo aon t-seift
a dhéanamh chun aon nídh ag tubarfad
cúnais maireactaint dóib. Chuireadar a
lán trí na chéile agus bé toppadh na
cómairle ná, an dálach a dhul go popoisce
i bfeirtéaraig smot prácaí do chur ann
a dhéanfad a pic an géimpleis iad, 7 Seán
o Séaghda do dhéanamh na b-pocaí chun dul
an imis nuair a gocfadh an dálach.

agus is lánmhinic cúntúirt is baol báite inti, cé go bhfuil sé le maíomh aiges na hoileánaigh nár bádh aon bhád leo riamh. Ach tá an Dálach ina mhairnéalach ar farraige chomh maith le cat chun crainn. Timpeall na bliana déanach den gCogadh Mór féin, mar a dúrt cheana, ní raibh aon luach ar na gliomaigh agus ní bhíodh na hoileánaigh á n-iascach chuige, ach amháin daoine ná bíodh aon ní eile mar chúram orthu b'fhéidir go ndéanfaidís cúpla pota suas chun portáin do mharú agus na portáin sin d'úsáid mar bhaoite chun éisc éigin eile do mharú, cuir i gcás ballaigh nó deargáin.

Tháinig an Bhealtaine agus féin mar ba ghnách leis an nDálach, ní raibh fead ná glao aige ón uair nár bhraith sé go raibh aon duine chun aon phota a dhéanamh agus gan aon tseift aige chun na pigine ach amháin an gleamaichín dubh féin mar a dúirt sé féin. Bhí fear de mhuintir Shé ar an mbaile is ní raibh sa tigh ach é féin, fear tuairim is daichead blian d'aois. Ní bhíodh aon chúram sa tsaol air sin ó tháinig sé in aois fir ach ag sealgaireacht ar an bhfarraige. Chuaigh mo Dhálach chun cainte leis féachaint arbh fhéidir leo aon tseift a dhéanamh chun aon ní do thabharfadh cúnamh maireachtaint dóibh. Chuireadar a lán trína chéile, agus b'é toradh na comhairle ná an Dálach a dhul go Paróiste an Fheirtéaraigh, smut prátaí do chur ann a dhéanfadh i rith an gheimhridh iad, agus Seán Ó Sé do dhéanamh na bpotaí chun dul 'on Inis nuair a thiocfadh an Dálach.

Tánaig an dálac abaile ⁊ a cúram
déanta aige go slactmar, ac bí a gnóc
féin cuipta cun cinn aige mac Uí Séagda
poimis. bí prácaí cuipta anois aca potaí
déanca ⁊ iad ollam glan cum téime
go h-Innis Mic faoileáin aon lá bréaga a
tiocfad. Tánaig an lá ⁊ má tánaig níor
tug mo béipc aon failiuge i naon níd. priocadop
suas gac puid a teastaig uata agus go deimin
⁊ mo nuc-nax a bí bailuigte ⁊ téac sa
naomóig aige'n mbéipc. D'fágadap slán aige
muínntip an Oileáin-seo go ceann seaccmone
map má bead an satapan cúm có
cruinn ⁊ tá an min ap an duine bead
mo béipc bocta aige caladt an blaoscaoid
ap a sé clog tráthanona má beidis beo.
bí gac n-duine siop siap dóib féin feap
sa cnoc ⁊ feap a d-tráig no go dtánaig
an satapan. bí na buacaille fápta a faipe
amac ac caifam a tiocfad béipc na h-Innise
bí an satapan cúm agus ní mór an stquis
go béipc feap teact on Innis go blaoscaod cé
⁊ go raib an doine poimis-sin có tiocfap ⁊ na
bféidip aon bád dul ap a 6 poll. ac amáin
gop gala glan gaoice a bí ag séide coiteanta
agus go raib na cloca ana cruin. pé
szeal é dimtig an satapan ⁊ ma imtis níor
tánais béipc na h-Innise. bí na daoine
muínteapa ⁊ a ngadta a dul tpí na céile
map geall opta. Tánais an domanac ⁊
má tánaig Gruaid sé suas sa gaoit agus
cum anaice annson ní raib aon t-súl leo.
Cuaid fir an cnoc map ⁊ féidir tig na
h-Innist d'feiscint on mblaoscaod go soiléip. feacaint
an mbead gal ap an seimné no ná bead.

Tháinig an Dálach abhaile is a chúram déanta aige go slachtmhar, ach bhí a ghnó féin curtha chun cinn ag Mac Uí Shé roimis. Bhí prátaí curtha anois acu, potaí déanta agus iad ullamh glan chun léimeadh go hInis Mhic Fhaoileáin aon lá breá a thiocfadh. Tháinig an lá, is má tháinig, níor thug mo bheirt aon fhaillí in aon ní. Phriocadar suas gach rud a theastaigh uathu, agus go deimhin, is mó nix-nax a bhí bailithe isteach sa naomhóig aige an mbeirt. D'fhágadar slán aige muintir an oileáin seo go ceann seachtaine, mar má bheadh an Satharn ciúin, chomh cruinn is tá an nimh ar an aithne, bheadh mo bheirt bochta ag Caladh an Bhlascaoid ar a sé a chlog tráthnóna, má bheidís beo.

Bhí gach nduine soir siar dóibh féin, fear sa chnoc is fear i dtráigh, nó go dtáinig an Satharn. Bhí na buachaillí fásta ag faire amach ach cathain a thiocfadh beirt na hInise. Bhí an Satharn ciúin agus ní mhór an strus do bheirt fhear teacht ón Inis go Blascaod, cé is go raibh an Aoine roime sin chomh fíochmhar is ná bhféidir d'aon bhád dul ar an bpoll, ach amháin gur gála glan gaoithe a bhí ag séideadh coitianta agus go raibh na clocha an-chiúin. Pé scéal é, d'imigh an Satharn is má imigh, níor tháinig beirt na hInise. Bhí na daoine muinteartha is a ngaolta ag dul trína chéile mar gheall orthu. Tháinig an Domhnach is má tháinig, chruaigh sé suas sa ghaoith agus chun anaithe. Ansan ní raibh aon tsúil leo. Chuaigh fir 'on chnoc – mar is féidir tigh na hInise d'fheiscint ón mBlascaod go soiléir – féachaint an mbeadh gal as an simné nó ná beadh.

Ní fada ar fad a ċuaiḋ buaċaillí an ċonaic
nuair a casaċ fear meaoḋán aosta orṫa.
Ċuireadar ceist air mar ġeall ar uiġ na h-
innse aguy an bḟeacaiġ sé aon ṫeaċaċ ann
o maoan. Tá tamall maiṫ ḋon maoain caiṫe
agam ar seirġean a ḟeacaint siar ar an oileán
son aguy ní mór mo meay uirṫe anois, mar
féin mar ċonnaic mo ṡúile ní ḋeaṙ ṗáin go
bḟuil beo innte aċ amáin ṫuine ḋon mbeirt
tá sampla éigin feisciṫe agat orṫa ṫuine
ḋoṙ na buaċaille ley. Tá ar-seisṫean tá
lanntán sa n-innis sin go lasear tinneaḋ
air nuair a bíonn aon níḋ bun ar cionn,
i'm bara féin a buaċaille go raib sí ann ó
ciṁaiḃ y náċ fadṫe airisṫ ley go mbeaḋ sí
le feisceint agaib. Ní fada a bíoḋar a ċaint
nuair a ċonnacadar anṫeacaċ sa lanntán
aguy é ag ṫul anáirṫe anṡa n-aer. Y fíor son
a buaċaillí orṫa an seanṫuine téiḋ abaile
anois mar náċ féiṫir ṫul siar ċó maiṫ tá
an n-uair mírṫúnaċ. Tánaiġ na fir go
léir ṫn g-cnoc leaṫ an sġeal ar fuaiḋ a
baile go raib tinneaḋ báiṗ sa n-innis. bí
lútar leaṫer aiġe muinntir na beirṫ ṫuine
aca beo y an fear uile marb aguy náṗ
bḟéiṫir ṫul a triall ar na fir amáin aon
fápicint a tubairt ar an bḟear beo. ar
maoin amáiṙeaċ sí sin maoin ṫé luain
bí boġa beaṫ ṫeanca aiġe. Cuiread síoy
naoṁóg ar ċalaḋ an Blaoscaoiḋ ċuaiḋ ceaṫarṫn
ṫ-feaṙaib abálta ar a bóṗḋ y ar leo go
ṫtí an innis ṫan an uain ṗo maiṫ aguy
an t-slí go hainniṗ maoir le ṫaoiṫ y
le fairṗiṫe bóġ acaṫe a ṫoṫaint.

Ní fada ar fad a chuaigh buachaillí an chnoic nuair a casadh fear meánaosta orthu. Chuireadar ceist air mar gheall ar thigh na hInise agus an bhfeacaigh sé aon deatach ann ó mhaidean.

"Tá tamall maith den mhaidin caite agam," ar seisean, "ag féachaint siar ar an oileán san, agus ní mór mo mheas uirthi anois, mar féin mar chonaic mo shúile, ní déarfainn go bhfuil beo inti ach amháin duine den mbeirt."

"Tá sampla éigin feiscithe agat," arsa duine des na buachaillí leis. "Tá," ar seisean.

"Tá lantán san Inis sin go lastar tine air nuair a bhíonn aon ní bun os cionn, is ambasa féin, a bhuachaillí, go raibh sí ann ó chianaibh, agus nach fada aríst leis go mbeidh sí le feiscint agaibh."

Ní fada a bhíodar ag caint nuair a chonacadar an deatach sa lantán agus é ag dul in airde san aer.

"Is fíor san, a bhuachaillí," arsa an seanduine. "Téig abhaile anois mar nach féidir dul siar chomh maith, tá an uain mí-'riúnach."

Tháinig na fir go léir ón gcnoc. Leath an scéal ar fuaid an bhaile go raibh tine bháis san Inis. Bhí liútar léatar aige muintir na beirte, duine acu beo is an fear eile marbh, agus nárbh fhéidir dul ag triall air, ná fiú amháin aon fhóirithint a thabhairt ar an bhfear beo. Ar maidin amáireach sé sin maidin Dé Luain bhí bogadh beag déanta aige. Cuireadh síos naomhóg ar chaladh an Bhlascaoid. Chuaigh ceathrar d'fhearaibh ábalta ar a bord is as leo go dtí an Inis, gan an uain rómhaith agus an tslí go hainnis maidir le gaoith is le farraige bhog ataithe a dóthaint.

Sroic an naomóg an innis gan baol is má
dínn ní raib an sgéal ro mait roimpe. Bí
an dálac na bétaid agus mac Uí Séagsa
ar iarraid. Seo mar dinnis an dálac an
sgéal. Maidin dé h-aoine roimis sin bí gala
iongantac gaoite anoir d-tuaid ann sé go raib
cois na cloice ana ciuin. Bíodar cum reat
abaile dé Satapain agus má bíodar teas-
tuig cupla mala lasgáin uata cuin rad
a cur mar beasú air na prátai do bí
cupla aca i brócair de in feirteagrais. Leis
sin dúbaradar féin lé na céile go mait an
plean na h-lasgáin a baint dé h-aoine, ná
bead aca ac bad a caiteain an bád dé
Satapain. Bí calama is ciunas air taob
innis na bró ac amáin go dtagad feótan
mait gaoite ann anois is arís. An bfuil
aon tagla ort arra an dálac lé Seán.
Níl maatne Sajta air fad cuige arseisean
ac mar sin féin ó tá an fonn ort ná
scoraim-se tú. Cuiread síos an naomóg
annson is cuamair go h-innis na bró. Bí
an áit sin có cuin lé linn aba ac anois
is arís go s-casie feótan mait gaoite
istead an. Cuadasa amac ag baint na
n-lasgan is dfan Seán i mbun na naomóig.
Bí sé sin a caint liomsa uaid istead é
is meise a caint leis có mait. Bí mala
lán agam agus altus agus teac an nuair
sin ann is tuigead dom ná raib beagáine
gaoite ar an spéir ann ac gor bait
lé m gráde an feótan gaoite a buailead
isteac ann uaireanta. An fada uait
a cuadla á rá uige Seán liom uair is
tuigead dom ar an g-caint sin go raib
soigeas éigin tagla air. Níl ac é an mala

Shroich an naomhóg an Inis gan baol, is má dhein, ní
raibh an scéal rómhaith roimpi. Bhí an Dálach ina
bheathaidh agus Mac Uí Shé ar iarraidh. Seo mar d'inis
an Dálach an scéal. Maidin Dé hAoine roime sin, bhí
gála iontach gaoithe anoir aduaidh ann, ach go raibh
cois na cloiche an-chiúin. Bhíodar chun teacht abhaile
Dé Sathairn, agus má bhíodar, theastaigh cúpla mála
iascáin uathu chun iad a chur mar leasú ar na prátaí do
bhí curtha acu i bParóiste an Fheirtéaraigh. Leis sin
dúradar féin lena chéile go mhaith an plean na hiascáin
a bhaint Dé hAoine, ná beadh acu ach iad a chaitheamh
'on bhád Dé Sathairn. Bhí calma is ciúnas ar thaobh
Inis na Bró ach amháin go dtagadh feothan maith
gaoithe ann anois is aríst.

"An bhfuil aon eagla ort?" arsa an Dálach le Seán.

"Níl m'aigne sásta ar fad chuige," ar seisean, "ach
mar sin féin, ó tá an fonn ort, ná stopaimse thú."

Cuireadh síos an naomhóg ansan, agus "chuamair go
hInis na Bró. Bhí an áit sin chomh ciúin le linn abha,
ach anois is aríst go gcasadh feothan maith gaoithe
isteach ann. Chuas-sa amach ag baint na n-iascán is
d'fhan Seán i mbun na naomhóige. Bhí sé sin ag caint
liomsa uaidh isteach is mise ag caint leis chomh maith.
Bhí mála lán agam agus allas agus teas an uair sin ann
agus tuigeadh dom ná raibh leoithne gaoithe as an spéir
ann, ach gurb ait lem' chroí an feothan gaoithe a
bhuaileadh isteach ann uaireanta. 'An fada uait?' a
chuala á rá aige Seán liom uair, is tuigeadh dom as an
gcaint sin go raibh saghas éigin eagla air. 'Níl ach an
mála

So do líona arsa mise agus leam ag cur dínn
có luac is is féidir linn é. Ní raib ac an
focal Ráite agam nuair a connac cúgam
isteac an cóc geal gaoíte é ag casad mór
timceall féin mar bead roc muillin Sailte
dá cur anáirde go díos na Sgamaill age
ní bfuaireas aga ar Dia le m'anam a
rá nuair a buail sé idir an dá súil
me agus do bain sé an meabair glan
as mo ceann don iarracc son. nuair a
cuaid aon lagú beag ar t-ána cúgam
féin agus tugas cas súil ar an naomóis
agus ar Seán, ac, cad a connac ná mo
naomóg a beal cúice is a tón anáirde
agus Seán amuc sa b-fairrge agus lán
leis i n-gerim turti. Ní feadar cad do deánfam
annson cailleas mo meabair ar fad, tugas
iarracc ar coimead amac cuge ac cuigeas
ná raib aon t snám agam is nár b'é n
mait do deánfainn do. Níl aon baogal
orc a Seám buacaill coimead suas so
misneac Dúbairt an méid sin leis a cur
misneis ar. Do beir se ar ceann do s
na moids ráma annson agus ceapas
annson go raib age mar ná raib se
céirte slata ón g-cloic. Dá b-feadfá
an maide uile do láitsáil anois arsa
mise leis bead agac. Tá eagla orm
ná deánfad an bfearc" Sin a labair sé
agus féin mar múcfá an coineall bí
sé imite go tóm poill uagam gan
fscemc go deo arís. Ticeas síos mar
a rabas agus dfannas annson ar feag
uair a cloig go bog ag gol is ag caoint
mo dume is mo Pápcai dílis ná ciódfainn
go brác arís.

so do líonadh,' arsa mise, 'agus beam ag cur dínn chomh luath is is féidir linn é.' Ní raibh ach an focal ráite agam nuair a chonac chugam isteach an cóch geal gaoithe, é ag casadh mór timpeall féin mar a bheadh roth mhuilinn, sáile á chur in airde go dtíos na scamaill aige. Ní bhfuaireas aga ar 'Dhia le m'anam' a rá nuair a bhuail sé idir an dá shúil mé agus do bhain sé an mheabhair glan as mo cheann den iarracht san. Nuair a chuaigh aon lagú beag air, thána chugam féin agus thugas cas-shúil ar an naomhóig is ar Sheán, ach cad a chonac ná mo naomhóg, a béal chúici is a tón in airde, agus Seán amuigh sa bhfarraige agus lámh leis i ngreim inti. Ní fheadar cad do dhéanfainn ansan. Chailleas mo mheabhair ar fad, thugas iarracht ar léimeadh amach chuige, ach chuimhníos ná raibh aon tsnámh agam is nárbh aon mhaith do dhéanfainn dó. 'Níl aon bhaol ort, a Sheáin, a bhuachaill. Coimeád suas do mhisneach.' Dúrt an méid sin leis ag cur misnigh air. Do bheir sé ar cheann des na maidí rámha ansan agus cheapas ansan go raibh aige, mar ná raibh sé ceithre slata ón gcloich.

'Dá bhféadfá an maide eile do láimhseáil anois,' arsa mise leis, 'bheadh agat.'

'Tá eagla orm ná déanfad an bheart.'

Sin a labhair sé, agus féin mar mhúchfá an choinneal, bhí sé imithe go tóin poill uam gan feiscint go deo arís. Thiteas síos mar a rabhas agus d'fhanas ansan ar feadh uair an chloig go bog ag gol is ag caoineadh, mo dhuine is mo phártaí dílis ná cífinn go brách aríst.

bíodas féin anois air oileán gan tig gan brad
gan tinneadh gan duinne i ngiorracht naoi míle
dom. Cuirfeas mo mhuinín ar Dia na glóire
cabhair chúgam a chuirim freo nó má bé toil
Éan bóthar ceadna leis an bhfear úd
a thionnad orm bíos sásta leis. 13 ceann
tamall dféachas féin bun síos is cad
do chífainn ná mo naomhóg síos iniomall
na Cladh. Dfeidheas síos chuice is beireas
isteach uirthe agus leis an déos a bí agam
nuair a fuaireas greim uirthe féachaint
a mbead Seán ceangailte istigh chuice
thugas a beal aníairde don náibóis
sin, ac mo lá dóice bí fuar agam a
beith air a lórs. Pé úacmáil a bí agam
dá dhéanamh léi ní raibh fios faic agam
no go raibh sí imithe uasam aríre. ac
pé súil féachaint a thugas cad a chídfainn
ná bluire beag téadáin agus é freach
is amach air iomall an uisge do thugas
snap air is beireas air go tapaid is
mar bámarsaige an domhan é bí sé cean-
gailte don naomhóise. ní raibh aon maise
ráma agam ac amháin an cupán.
Chuadhas isteach innti is beireas air an g-
cupán is chuadhas ag tarrac an uisge
chúgam leis Riamh is chóidhche no go ránsaig
liom breith air maise do bí tamaillín
uasam is dhruideas an plean ceadna
aríre cum cínn úile. bí dá maise
anois agam agus ní raibh aon baoghal
ná go mbainfain amach an innis úile
is dá mbeinn innt sin dartas liom
go mbead agam. ac i rith na huaire bíod
mo shúile anáirde le Seán dfeiscint
i g-cómhnaidhe.

Bhíos féin anois ar oileán gan tigh gan bia gan tine gan duine i ngiorracht naoi míle dom. Chuireas mo mhuinín as Dia na Glóire cabhair éigin a chur im' threo, nó má b'é a thoil é an bóthar céanna leis an bhfear eile a bhronnadh orm, bhíos sásta leis. I gceann tamaill d'fhéachas fém' bun síos is cad do chífinn ná mo naomhóg thíos in imeall na cloiche. Dhruideas síos chuici is bheireas isteach uirthi, agus leis an scóp a bhí orm nuair a fuaireas greim uirthi ag féachaint an mbeadh Seán ceangailte istigh chúichi, thugas a béal in airde don ráibeoig sin, ach mo lá dóite, bhí fuar agam a bheith ar a lorg. Pé útamáil a bhí agam á dhéanamh léi, ní raibh a fhios faic agam nó go raibh sí imithe uam arís. Ach pé súilfhéachaint a thugas, cad a chífinn ná blúire beag téadáin agus é isteach is amach ar imeall an uisce. Do thugas snap air is bheireas air go tapaidh agus mar b'ámharaí 'on domhan é, bhí sé ceangailte don naomhóig. Ní raibh aon mhaide rámha agam ach amháin an cupán. Chuas isteach inti, bheireas ar an gcupán is chuas ag tarrac an uisce chugam leis riamh is choíche nó go rángaigh liom breith ar mhaide do bhí tamaillín uam, is dheineas an plean céanna aríst chun cinn eile. Bhí dhá mhaide anois agam agus ní raibh aon bhaol ná go mbainfinn amach an Inis eile, is dá mbeinn inti sin, dar liom go mbeadh agam. Ach i rith na huaire bhíodh mo shúile in airde le Seán d'fheiscint i gcónaí.

Tugas maidin air m-oilean fein is cuadas i dtir
innt go leiṫeumail. Cuireas mo bád air saṁáilt
is tugas mo cúl do Sean is maidiṅ air mo
tig. Bí an oidce ag teact oram ann-son
is ní ḟeadar cad ba ceart dom u ḋeanaṁ
Dubairt go lasfainn an tinneaḋ báis anson
do ḋinneas ač bí ana amras agam ná
cóḋfaḋ aon duine air an mblaoscaod í.
bíos isteac is amac i ric na h-oidce
gan duine agam go labairfainn focal
leis ač ag síor cainnt liom fein, fein
mar beaḋ duine u beaḋ leac as a
ḋeabair. ač air maidin nuair a
connaic an naomóg air ceann cṁnaic
indiu sin é an uair a tángana cúgam
fein. Tánaig an ḋalác aniar, abaile
leis an mbád a cuaid soir is cuardúṡeac
mac Uí Séaġda laétanca na diaiġ sin
ač má ḋinneaḋ sin u raib da ṁaiṫ
ann. Go dtugaḋ Dia paraṫas na
naoṁ dá anam.

Thugas m'aghaidh ar m'oileán féin agus chuas i dtír inti go leisciúil. Chuireas mo bhád ar sábháilt is thugas mo chúl do Sheán is m'aghaidh ar mo thigh. Bhí an oíche ag teacht orm ansan is ní fheadar cad ba cheart dom a dhéanamh. Dúrt go lasfainn an tine bháis ansan. Do dheineas, ach bhí an-amhras agam ná cífeadh aon duine ar an mBlascaod í. Bhíos isteach is amach i rith na hoíche gan duine agam go labharfainn focal leis, ach ag síorchaint liom féin, féin mar a bheadh duine a bheadh leath as a mheabhair. Ach ar maidin, nuair a chonac an naomhóg ar Cheann Cnoic inniu, sin é an uair a thána chugam féin.''

Tháinig an Dálach aniar abhaile leis an mbád a chuaigh siar, is cuardaíodh Mac Uí Shé laethanta ina dhiaidh sin, ach má deineadh, sin a raibh dá mhaith ann. Go dtuga Dia Parthas na Naomh dá anam.

Caithfaidh Sé Seanchacc leis.

Seán Ó Gríomhthain
An Blaosceadmáe
Dún Caoin
Daingean
Co. Ciarraighe

Bíonnáchac gach aon lá San Stiopán i bPeaosog
Dún Caoinn go mbíonn na buachaille go léir i
sléagra Suas go gleóire, gach Saigeas eadaig
orca Caipíní póilíní agus eadaíge mná i
gach Sorc dac faoi Spéir ann sa csligor
breág léid Cnócac iad ofiscinc as gluaisieac
lé céile có deas i bíonn Siad géanca Suas.

Lá an Dreoilín a tugann gach n-duine annso
ayr an lá Son, mar bíonn an téan Son
mayrb no beo imbarra Slaice aca i mar
a mbeid Sé aca ní bíonn aon ana meas
aca orca féin. Tá Sé páice mair gor
bé. Deipead an t-Saoi-Sgéil an t aipgead
i Sin mar acá aig lóec an Dreoilín leys
mar a mbeid airgead agac lé Sine Cuca
ní mór an baoéus a beid aca orc ná
ní mór an Rínnce a Déanfaid Sine
Dé Deirimse leac má tugann tú
Rael no Szeilín dóib go mbeid Cnogarnac
agac ayr teag Cuig no Sé go nóimice
i go minic rinnceoir mair go leor leys
i ceolcóir Slaccmar mar y gnácac
go mbeid an Béirc Sin aca pé grufán
uile a beid féin láyr bán no meass
ma meicile.

Caithfidh Sé Fanacht Leis

Seán Ó Criomhthain
An Blascaod Mór, Dún Chaoin,
Daingean, Co. Chiarraí

IS gnách gach aon lá San Stiophán i bparóiste Dhún
Chaoin go mbíonn na buachaillí go léir gléasta suas go
gleoite, gach saghas éadaigh orthu, caipíní póilíní agus
éadaí mná agus gach sórt dath fén spéir insa tslí gur
bhreá led' chroí iad d'fheiscint ag gluaiseacht le chéile
chomh deas agus bhíonn siad déanta suas.

Lá an Dreoilín a thugann gach nduine anso ar an lá
san, mar bíonn an t-éan san marbh nó beo i mbarra
slaite acu agus mara mbeidh sé acu ní bhíonn aon an-
mheas acu orthu féin. Tá sé ráite riamh gurb é deireadh
an tsoiscéil an t-airgead, agus sin mar atá ag lucht an
dreoilín leis. Mara mbeidh airgead agat le síneadh
chucu, ní mór an baochas a bheidh acu ort ná ní mór
an rince a dhéanfaid dhuit. Ach deirimse leat má
thugann tú réal nó scilling dóibh go mbeidh cnagarnach
agat ar feadh cúig nó sé de nóimití, agus go minic
rinceoir maith go leor leis agus ceoltóir slachtmhar,
mar is gnách go mbeidh an bheirt sin acu pé trufán eile
a bheidh fén láir bhán nó i measc na meithile.

Tá an baile go bfuilimse ann trí míle
mara ó Dún-Caoin 7 ní ananaim a tagann
siad chugainn mar ní gnáthach go mbíonn
an aimsir só breágh ná an fairrige ró
chiúin. Acht tuisc go bfuil buachaillí na
háite umuí oilte ar an bfairrige 7
ólgach cum na mbád do churadar féin
le chéile 7 lugadar gead isteach. Ní raibh
aon dream dreoilíní riamh roimisin ann
nuair a chonnaic muinntir an oileáin
iad ní mór ná gor thuit an lug ar anlas
ac, Acht pé sgeal é fuaireac amac go
brad muinntir Dún Caoin a bí ann. Dá
mbead trí púint deag airgid agat le
fagail ac ainim aoine amáin aca a
ghlaoc amac níor bféidir duit é déanam,
bí airgid gach fir aca fé chéile 7 corp
có maith. buaileadar aníos fén mbaile
meoleógan da Seiminte aca 7 ampáin
go fluirseach 7 an duine ná feacaig
riamh roimisin iad ní raibh sé istig
leis féin. Dúbairt Cnud do'na Seana
mna gor bfearr na clocha a caitheamh
orta no na madraidhe a chur leó. Acht
ní mar sin a bí mar ghreamuigean
siad isteach ceangarar culiní air
bharra an caladh 7 ninnean siad
Sec á pinnee go meara féin
mbaile leo annpon 7 gach aon
duinne san áit inchinfeac leo.

Tá an baile go bhfuilimse ann trí mhíle mara ó Dhún Chaoin agus is an-annamh a thagann siad chugainn, mar ní gnách go mbíonn an aimsir róbhreá ná an fharraige róchiúin. Ach toisc go bhfuil buachaillí na háite amuigh oilte ar an bhfarraige agus eolgach chun na mbád, do chuireadar féin le chéile agus thugadar geábh isteach. Ní raibh aon dream dreoilíní riamh roime sin ann agus nuair a chonaic muintir an oileáin iad, ní mór ná gur thit an lug ar an lag acu. Ach pé scéal é, fuaireadh amach go b'iad muintir Dhún Chaoin a bhí ann. Dá mbeadh trí puint déag airgid agat le fáil ach ainm éinne amháin acu a ghlaoch amach, níorbh fhéidir duit é a dhéanamh. Bhí aghaidh gach fir acu fé cheilt agus corp chomh maith. Bhuaileadar aníos fén mbaile, mileoidean á sheimint acu agus amhráin go flúirseach agus an duine ná feacaigh riamh roime sin iad, ní raibh sé istigh leis féin. Dúirt cuid des na sean-mhná gurbh fhearr na clocha a chaitheamh orthu nó na madraí a chur leo. Ach ní mar sin a bhí, mar greamaíonn siad isteach ceathrar cailíní ar bharra an chaladh agus deineann siad seit a rince go mear. Fén mbaile leo ansan agus gach aon duine san áit in éineacht leo.

3.

níor dfágadar aon tig san oileán ná gor
Cuadar ann ⁊ ná gor tugadar Sg. Uinigeal
amac ar. Mór tánaig a leitéid do lá san
Blascaod ream roimisin rinnce ⁊ ceól ans
gac tig, tú amáin Seana mná nár córpraig
ag copa le cuig bliadna ⁊ daład togad
leo. Siós féin dug ⁊ Caiceadar boca
mait rinnce a déanam. nuair a tánaig
an tráthnóna do dógadar leo cun an
Caladh ⁊ ar go brác leo Cun dún Caoin.
nuair a bí séipéad bailigte aca ⁊ beagan
uirigid ar láim aca teastuig uaca gan
é cuir an bainne. Sé níde gor beartu-
igeadar air ná oidce deas coileactan
a beit aca air i d tig Éigin sa popaisde.
Sin mar bí tollaig gac n-duine aca leis
an oidce baigile póptair arán bán gan
⁊ gac sórt a bí uaca a túbairt leo.
Lá breág Satharn fuair beirt dosna
buacaille Capall ⁊ Cairt ⁊ ar go brác
leo Cun an Daingin Cun an lóin a
túbairt leo go dún Caoinn ⁊ oidce long-
antac a beit aca má bí sí riam aca
toréir a raib dá duac faeta aca.
Sin mar bí buaileadar isteac Cun
Siopadóir mait lá dóir go raib gac níde
uapiac do béal dá siól aige. Tug
Ceann dos na buacaille an liosta do
aguí dúbairt leis gac a raib annyor
a bit ollam aige tráthnóna.

110

Níor dh'fhágadar aon tigh san oileán ná gur chuadar
ann agus ná gur thugadar sgilling gheal amach as. Níor
tháinig a leithéid de lá san Bhlascaod riamh roime sin,
rince agus ceol ins gach tigh, fiú amháin sean-mhná nár
chorraigh a gcosa le cúig bliana is daichead, tógadh leo
síos fén dtigh agus chaitheadar babhta maith rince a
dhéanamh. Nuair a tháinig an tráthnóna do bhogadar
leo chun an chaladh agus as go brách leo chun Dún
Chaoin. Nuair a bhí deireadh bailithe acu agus beagán
airgid ar láimh acu, theastaigh uathu gan é chur 'on
bhanc. Sé ní gur bheartaíodar air ná oíche dheas
chuileachtan a bheith acu air i dtigh éigin sa pharóiste.
Sin mar bhí. Thoiligh gach nduine acu leis an oíche:
bairille pórtair, arán bán, jam, agus gach sórt a bhí
uathu a thabhairt leo. Lá breá Sathairn, fuair beirt des
na buachaillí capall agus cairt agus as go brách leo chun
an Daingin chun an lóin a thabhairt leo go Dún Chaoin
agus oíche iontach a bheith acu má bhí sí riamh acu tar
éis a raibh dá dhua fachta acu. Sin mar a bhí.
Bhuaileadar isteach chun siopadóir maith láidir go raibh
gach ní iarrfadh do bhéal á dhíol aige. Thug ceann des
na buachaillí an liosta dó agus dúirt leis gach a raibh
ansan a bheith ullamh aige tráthnóna.

4

Dúḃairt an Siopadóir leis féin go raiḃ ċó
maiṫ aige é ollamú Suiḋṫe dóiḃ 7 gan iad
a ḃeiṫ ag feiceáiṅ leis. Fuair sé ollam
réiḋ gaċ a raiḃ uaṫa agus ḃuail sé le
hais na Cúntúraiċ iad no go dtiocfaidís a
trall orra. Ní fada a ḃíonn sí ollam aige
mar a ḃuailleann fear ó Próiste in
ṫeirtrearṗaiḋ airteáċ Cuige 7 tugann súil
ḟéaċaint air an lon go leir lé hais na
Cúntúraiċ sar a laḃrann aon ḟocal. A
ṁuire Máiċair a John uirseisean Cé tá
Caillte indiu! Tá muis arra John fear go
ḃfuill aiṫne ṁaiṫ agat-sa air 7 duine
muintearḋa duit is dóil liom. Cé hé féin
arra an fear a durairt. Tá a mic Taḋg
Bailiċinn. Muire ḃeannaċt dé lé t-anam
agus lé hanam na marḃ go léir 7 ní móir
go g-Creidfainn é mar a imbead sor tu
atá sá pá leoṁ. Sin mar ḃíonn aige-n
imḃár arsa an Siopadóir tagan sé
i gan ḟios agus is Cuma leis tas no táḋaṁ
an imbeid sé sá Cur amaireać a John
airseisean. Air manamsa féin go mbeid
arsa John ná Ciom tu annsor an
torarm atá aca lé Cur air anoċt.
Scaḋ Muire air seisean beaḋ sa
sa toċraid amaireać má ṁairim.

Dúirt an siopadóir leis féin go raibh chomh maith aige é ullmhú suas dóibh agus gan iad a bheith ag feitheamh leis. Fuair sé ullamh réidh gach a raibh uathu agus bhuail sé le hais na cúntúrach iad nó go dtiocfaidís ag triall orthu. Ní fada a bhíonn sí ullamh aige nuair a bhuaileann fear ó Pharóiste an Fheirtéaraigh isteach chuige agus tugann súilfhéachaint ar an lón go léir le hais na cúntúrach sara labhrann aon fhocal. "A Mhuire Mháthair, a John," ar seisean, "cé tá caillte inniu?"

"Tá, mhuis," arsa John, "fear go bhfuil aithne mhaith agatsa air, agus duine muinteartha dhuit, is dóigh liom."

"Cé hé féin?" arsa an fear aduaidh.

"Tá, a mhic ó, Tadhg Bhailícín."

"Mhuise, beannacht Dé le d'anam agus le hanam na marbh go léir, agus ní mór go gcreidfinn é mara mbeadh gur tú atá á rá liom."

"Sin mar a bhíonn aige an mbás," arsa an siopadóir. "Tagann sé i gan fhios agus is cuma leis lag nó láidir."

"An mbeidh sé á chur amáireach, a John?" ar seisean.

"Ar m'anamsa féin go mbeidh," arsa John. "Ná cíonn tú ansan an tórramh atá acu le cur air anocht."

"Sea, mhuise," ar seisean, "beadsa sa tsochraid amáireach má mhairim."

5.

Ar maidireac a bé an domnac 7 Cad a stop-
fad ar Sócraid a ḋuinne muinteara é ní
raib faic fé bun, mar a dtiocfad galar
éigin gan coinne aige leis air. gac aon
ḋuinne a buailead leis Sé an céad sgéal
a bjod air a gob aige go ná go raib Tadg
baile Cinn da tórainn anoct 7 dá cup am-
áireac. bí iongantas an domain air cuid
dosna daoine Cad dcimig air Tadg fear
có teann có ládair leis ac ní raib mait
a beit ag Cainnt ná ḋinnean an bárgac
níoc y mait leis féin 7 ní tugan aon t-
sásam do aoinne. Tánag an domnac
7 má tánaig ní din fear próaisde in
fertepparg zarrac Siar on focal ac có
luat 7 fuair Sé é féin ollam air, a
Capall a ḋleapa 7 a rá lé bean a tige
ná bead Sé féin aige baile go hárd an
trat nona mar go raib Sé ag dul go
Sócraid Tadáig baile Cinn. Tá go mait arsa
an bean nác é Sin do Ceapt ní fada
amac on g cnáin agat é. gluaiseann
mo duine air 7 eisdeann Aifrean air
an mbuailtín 7 có luat 7 bíonn an
tAifrean léizte fageann a Capall 7 Stad
ná Staonnad ní ḋinnean Sé go dtagan
go Dún Caoinn. Má tánaig níor bé
aoinne amáin é a tánaig níor fan don
duinne i bpraoisde Mórac mar bean
on bpraoisde Sin a bí pósta aige.

Amáireach ab é an Domhnach agus cad a stopfadh as shochraid a dhuine mhuinteartha é? Ní raibh faic fé bhun mara dtiocfadh galar éigin gan coinne aige leis air. Gach aon duine a bhuailfeadh leis, sé an chéad scéal a bhíodh ar a ghob aige dó ná go raibh Tadhg Bhailícín á thórramh anocht agus á chur amáireach. Bhí iontas an domhain ar chuid des na daoine cad d'imigh ar Thadhg, fear chomh teann chomh láidir leis, ach ní raibh maith a bheith ag caint, ná deineann an bás gach ní is maith leis féin, agus ní thugann aon tsásamh do éinne.

Tháinig an Domhnach agus má tháinig, ní dhein fear Pharóiste an Fheirtéaraigh tarrac siar óna fhocal ach chomh luath agus a fuair sé é féin ullamh air, a chapall a ghléasadh agus a rá le bean an tí ná beadh sé féin aige baile go hard an tráthnóna, mar go raibh sé ag dul go sochraid Thaidhg Bhailícín. "Tá go maith," arsa an bhean. "Nach é sin do cheart? Ní fada amach ón gcnámh agat é." Gluaiseann mo dhuine air agus éisteann aifreann ar an mBuailtín, agus chomh luath agus a bhíonn an t-aifreann léite, faigheann a chapall agus stad ná staonadh ní dheineann sé go dtagann go Dún Chaoin. Má tháinig, níorb é éinne amháin é a tháinig. Níor fhan aon duine i bParóiste Mórdhach, mar bean ón bparóiste sin a bhí pósta aige

Tadhg. Ní raibh an t-aifrean tighte in Dún
Caoinn féin aon sa] nuair a tánaigh na
daoinne amach ar an Séipéal tareis an
aifrinn leath a súile orra nuair a
connacadar na daoinne go léir bailighte
timcheall na háite. Bí seana bean ann
] nuair a connaic sí an mac-sluaigh sé
rud a dúbhairt sí, a Mhuire airseise saogh
indiu no ríamh sin mar ndócha nách
fóghanta atáid siad, cad atá orra no
cad atá uatha. Bí iongantas air gach aon
duinne cad a thug na daoinne go léir go
Dún Caoinn móir gan ciús na ádbhar,
ach ní fada a bhíodar doll air mar
cuireann an fear a dtuaid ceist air
fear ó Dhún Caoinn feacaint caidín
a bheadh Tadhg dá cur no an raibh sé
sa t-séipéal aríus. Air m'anam-sa féin a
chroidhe go deo arsa fear Dún Caoinn dá
freagairt go g-caithfaid Tadhg fueacctis
mar go bé Tadhg an cispilín toichanairde
tadhair fóis agac] má sé sin faic bhfuil
d'imuis go bé an truis an adtcar agaibh
é. A Dia gil arsa an fear a dtuaid an
mar sin é] feap ón Daingean dá rá
hompa indé go raibh sé tareis báis]
rud uile na feaca leim dá súil féin an
tóram cupia le chéile isuig na tig féin
aige. Is fíor son a mhuineac] mo ghraidh
go deo in] te Capadas. Tóram oidce
speoilín í sin e ghata.

Tadhg. Ní raibh an t-aifreann léite i nDún Chaoin fén am so, agus nuair a tháinig na daoine amach as an sáipéal tar éis an aifrinn, leath a súile orthu nuair a chonacadar na daoine go léir bailithe timpeall na háite. Bhí sean-bhean ann agus nuair a chonaic sí an mathshlua, sé rud a dúirt sí, "A Mhuire," ar sise, "saor inniu nó riamh sinn, mar is dócha nach fónta atáid siad. Cad tá orthu nó cad tá uathu?" Bhí iontas ar gach aon duine cad a thug na daoine go léir go Dún Chaoin inniu gan chúis ná abhar, ach ní fada a bhíodar dall air, mar cuireann an fear aduaidh ceist ar fhear ó Dhún Chaoin, féachaint cathain a bheadh Tadhg á chur, nó an raibh sé sa tsáipéal aréir.

"Ar m'anamsa féin, a chroí go deo," arsa fear Dhún Chaoin á fhreagairt, "go gcaithfidh Tadhg fanacht leis, mar go b'é Tadhg an ceirtlín tochraiste láidir fós agat, agus más é sin fáth bhur dturais, go b'é an turas in aistear agaibh é."

"A Dhia dhil," arsa an fear aduaidh, "an mar sin é? Agus fear ón Daingean á rá liomsa inné go raibh sé tar éis bháis, agus rud eile, ná feaca lem' dhá shúil féin an tórramh curtha le chéile istigh ina thigh féin aige?"

"Is fíor san, a mhaoineach, agus mo ghraidhn go deo thú agus do charadas. Tórramh oíche dreoilín í sin, a dhalta."

Is fíor san arsa an fear a dtuaidh Lá an
chlocha san tubartha uaidh aige fear a daingin
7 is dócha aca a g-closfaid Tadhg é go g-caillfidh
sé a mheabhair. A Dhia Mhóir na bhflaitheas arsa an
té a bhí ag caint ná fuil fhios agat go g-cait-
far é a cheangall. Sin mar bíonn aé cé
a gheobhadh amach ar an Soiscéal má Tadhg mar
tugann sé tús na Groise an domhnach
déanach don mí i g-cómhnaidhe. Aé nuair
a tháinig sé amach leat a dá shúil ayr
mar a connaic sé na daoine go léir
bailighthe tímcheall an teampall. Cé a
buailfeadh leis Gruinn díreach chuirfeas teacht
amach do ná an fear a d-tuaidh. Cuireadar
féin caint ayr a chéile, aé nuair a fuair
Tadhg amach fáth an sgéil go léir ní ró
mhaith an Ribe a tháinig ayr. Briathfaid an
diabhal go hárd na g-coileach an fear tíos
leis no tiocfadad-sa suas leis. Cuaidh gach
aoinne abaile a bhí cacaighthe an t-soicraid
7 gan Tadhg cupla aca. Seachtmhain na
déidh sin tug cupann éigin an daingean é
aé má tug ní din sé beannuadh gan
séad a thúbairt isteach go dtí an siopadóir
seo. Aé ní raibh sé aé tús ayr fóghnan
nuair a léimeann sé go dtí fear a t-siop
cuireann a lámh na sgornaigh 7 cuireann
a groidead na g-cos é. Aé mar borthúnaighe
an domhan é cé tiocfad isteach aé
garda síochánna 7 nuair a gionn sé
an rocmáil leacan a shúile ayr 7 cuireann
sin anoys agat 7 ní tiocfá chó bog ar
mar a mbeadh an garda so.

"Is fíor san," arsa an fear aduaidh. "Tá an cluiche san tabhartha uaidh aige fear an Daingin. Is dócha ach a gcloisfidh Tadhg é go gcaillfidh sé a mheabhair."

"A Dhia Mhóir na bhFlaitheas," arsa an té a bhí ag caint, "ná fuil a fhios agat go gcaithfear é a cheangal."

Sin mar a bhíonn, ach cé gheobhadh amach as an sáipéal ná Tadhg, mar tugann sé turas na croise an Domhnach déanach don mí i gcónaí. Ach nuair a tháinig sé amach, leath a dhá shúil air nuair a chonaic sé na daoine go léir bailithe timpeall an teampaill. Cé a bhuailfeadh leis cruinn díreach tar éis teacht amach dó ná an fear aduaidh. Chuireadar féin caint ar a chéile, ach nuair a fuair Tadhg amach fáth an scéil go léir, ní rómhaith an ribe a tháinig air.

"Béarfaidh an diabhal go hard na gcoileach an fear thíos leis, nó tiocfadsa suas leis."

Chuaigh gach éinne abhaile a bhí tagtha 'on tsochraid agus gan Tadhg curtha acu. Seachtain ina dhéidh sin, thug cúram éigin 'on Daingean é, ach má thug, ní dhein sé dearmad gan geábh a thabhairt isteach go dtí an siopadóir seo. Ach ní raibh sé ach istigh ar fónamh nuair a léimeann sé go dtí fear an tsiopa. Cuireann a lámh ina scornaigh agus cuireann ag croitheadh na gcos é. Ach mar b'fhortúnaí an domhan é, cé thiocfadh isteach ach Garda Síochána, agus nuair a chíonn sé an útamáil, leathann a shúile air agus cuireann a lámha á mbogadh as a chéile.
"Bíodh an méid sin anois agat, agus ní thiocfá chomh bog as mara mbeadh an garda so,"

arra Tadhg. Cén ainim atá oct-sa arra
an fáp da le Tadhg Dinnis Tadhg so. ó
arra an fáp da tá Cuir do Ghnócca ortru
7 teacht isteach an tig Sé Cuin fear a tighe
a Cuir don t Saoghal. nách maith an Sgeal
é arra Tadhg na fuilim se Cupla do
talaim Dé aige Sin 7 mé am beathadh.
Cunnas Son arra an fáp da. tá arra
Tadhg, Cuir Sé Eiteach greanna orm a
le uile Dúbhairt Sé go pa báist dá Tópaim
7 le Cuir an Doimnác na Déig 7 an raib
Sé fíor arra an fáp da. Iarra tanam an
Dial Cunnas a beadh Sé fíor 7 mé am
beathadh ná Cíonn tú le'd dá Suil fein
é Sin. Ó Arrsa an fáp da tá Sé uille
aige Cuma bruigadh maith a tughairr.
do mar Sin. Ach Cogar an ólfá púnt
am briathar fein go nolfainn 7 gá biadh mait
agam leys anoir 7 go bé mo duine an té
túbharfad dom é. fuair Sé Ceann 7 Ceann
no go raib Sé Súgach é 7 go geárr ná go
Raib Sé a faire air fear a tighe a phóga
Uj geárr ná Raib puinn do Caoinead an
Tóir b aige, ach nuair a bí Sé Cuinn
teacht abhaile Dúbhairt Sé le feair a t-Siopa
go bfearra do é Cuma arist go raib
Sé marb 7 nár níos leys do má beadh an
t Seachtmhain na Déig Sin Có mait aige
7 guj beadh an t Seachtmhain Seo Cughainn
Cuaid Tadhg abhaile 7 ní Raib aon Tadhg
imbailteinn Có Sásta leys Riam o Soin.

arsa Tadhg. "Cén ainm atá ortsa?" arsa an Garda le Tadhg.

D'inis Tadhg dó.

'Ó," arsa an Garda, "tá cúis do chrochta ortsa agus teacht isteach 'on tigh seo chun fear an tí a chur den tsaol."

"Nach maith an scéal é," arsa Tadhg. "Ná fuilimse curtha go talamh Dé aige sin agus mé im' beathaidh."

"Conas san?" arsa an Garda.

"Tá," arsa Tadhg, "chuir sé éitheach gránna orm an lá eile. Dúirt sé go rabhas á thórramh agus le cur an Domhnach ina dhéidh."

"Agus an raibh sé fíor?" arsa an Garda.

"Dhera, th'anam 'on diabhal, conas a bheadh sé fíor agus mé im' bheathaidh? Ná cíonn tú led' dhá shúil féin é sin?"

"Ó," arsa an Garda, "tá sé tuillte aige cumabhrú maith a thabhairt dó mar sin. Ach cogar, an ólfá piunt?"

"Am briathar féin go n-ólfainn, agus gá maith agam leis anois, agus go b'é mo dhuine an té thabharfadh dom é."

Fuair sé ceann agus ceann nó go raibh sé súgach, agus go gearr ná go raibh sé ag faire ar fhear an tí a phógadh. Is gearr ná raibh puinn de chuimhne an tórraimh aige, ach nuair a bhí sé chun teacht abhaile, dúirt sé le fear an tsiopa go bhfearra dó é chumadh aríst go raibh sé marbh agus nár mhór leis dó má bheadh an tseachtain ina dhéidh sin chomh maith aige agus bheidh an tseachtain seo chugainn. Chuaigh Tadhg abhaile, agus ní raibh aon Tadhg i mBailícín chomh sásta leis riamh ó shin.

69.17.

Suim maié bljanéa ó sóin anoir ann
muair a bí daoine ag imreaétaint air na
hoileáin beaga aéá timéeall na háite seo.
bí dá lánúima na g-cómnaide air Innismic
faoileáin an taom so 7 iad díoléa go maié
aige'n máigistir a bí uirti an uair sin.
bíod neart aca féin cur 7 bainnt inntu
7 a g-cuid féin scoie a beié aca, aé
caiéfead an Máigistir gan a beié faic
cun deiread ó éeann na bliadna. agur
cumn dínújad a beié aca air sin don
máigistir éaitidír na Cluara a bíod air
na caoire a caillúide a cur air salan
7 iad a beié aca lé éarráint an
lá u tiocfad sé dá mbarra. ní bíod
beirt na h-innise díomain fear air
a éorráin amuié gaé madan 7 truar
na Cloice túbarta aige 7 má bíod
capad na uan air iarraig caiéfead sé
gaé cuar 7 iomar a éuardaé 7 an
cluar a imbáirt ceir 7 í cur amé salan
sí an cluar an finneide do bíod aige'n
mbeirt 7 mar a mbéad an cóireain
éeann roimir an Máigistir béad a g-cud
sin aige. bí sin an mariaga do bí
taé'ura. agur geallaimre dur go
raibí sé dian go leór.

122

An tÉad Dearg

Seán Ó Criomhthain
An Blascaod Mór

(ar an imeall 69/17)

SUIM mhaith bhlianta ó shin anois ann nuair a bhí
daoine ag maireachtaint ar na hoileáin bheaga atá
timpeall na háite seo, bhí dhá lánú ina gcónaí ar Inis
Mhic Fhaoileáin an t-am so agus iad díolta go maith
aige an máistir a bhí uirthi an uair sin. Bhíodh neart
acu féin cur agus baint inti agus a gcuid féin stoic a
bheith acu, ach chaithfeadh an máistir gan a bheith faic
chun deireadh ó cheann na bliana. Agus chun deimhniú
a bheith acu air sin don máistir, chaithidís na cluasa a
bhíodh ar na caoire a cailltí a chur ar salann agus iad a
bheith acu le teaspáint an lá a thiocfadh sé á mbear-
radh. Ní bhíodh beirt na hInise díomhaoin, fear ar a
thurn amuigh gach maidean agus turas na cloiche
tabhartha aige, agus má bhíodh caora ná uan ar iar-
raidh, chaithfeadh sé gach cuas agus iomar a chuardach
agus an chluas a thabhairt leis agus í chur 'on tsalann.
Sí an chluas an fínné do bhíodh aige an mbeirt, agus
mara mbeadh an comhaireamh ceann roimis an máistir,
bheadh a gcuid sin aige. B'é sin an margadh do bhí
eatarthu, agus geallaimse duit go raibh sé dian go leor.

2. ⁊ má fuaip Caoipe aon máġisZip Riaṁ aip
ζop biad a fuaip é. no fíoṡ can a ṫaob:
an dá lánuṁa so a bí na mbun bíodap
cuibseaċ Coppa. bí feap aca aip na fip
ba dise ζop lap ζpian na ζaoi Riaṁ aip
aguṗ an beann ba ζpáṁne a bí aip an
saol o aimpaip Noa posta aiζe. an feap
uile an feap ba neaṁ-dise a bí aip an
saol-so Riaṁ ó soin ná a beid ζo bpáċ
apíst ⁊ an bean ba dise in Gipinn
posta aiζe. ní Raib sa cloiċ no sa ninip
ba cipce dom apá aċ an dá boċán ⁊
nuaip a ṫaζad an maṡan ṫuζad na
fip tpuap aip a céile aζ cup ⁊ aζ cúṫaiṁ
aip cad ζo bapp lé deánaṁ i pit an lae.
ⁿ minic ζop baon biad amáin a bíod aca
map ⁿ lán minic a panζúideaċ an biad
ollaṁ nuaip a ṫaζad an feap uile isteaċ
tapéⁿ a ṫpuⁿ a beit tuḃapta aiζe ⁊
ditead aguṗ dólad féin map bíod Roimip.
bíodap aζ cup dóib ζo hallumn no ζop
Prioc an beaċ an bean nóp cup Dia
aon sζeinṁ uipte ⁊ ζop buailead isteaċ
na haipnead ná paib aon nieaṗ a
feannaċt aiζ'n bfeap uipte. dubaipt
sí leṗ ζo minic nóp ceapt ζo beit
uζ dul isteaċ an boċán uile ⁊ ζop
ζlánta do ζo móp fneaċt amáṗ uⁿ
ná taζam an feap uile annṗo ċó
mait ⁊ ná fuill sé ceapt aζampṗa
dul cuiζe.

Agus má fuair caoire aon mháistir riamh aire, gurb iad a fuair é, nó fios cad 'na thaobh.

An dá lánú so a bhí ina mbun, bhíodar cuíosach corra. Bhí fear acu ar na fir ba dheise gur las grian ná gaoth riamh air, agus an bhean ba ghráinne a bhí ar an saol ó aimsir *Noa* pósta aige. An fear eile an fear ba neamhdheise a bhí ar an saol so riamh ó shin, ná a bheidh go brách aríst, agus an bhean ba dheise in Éirinn pósta aige. Ní raibh sa chloich, nó san Inis ba chirte dom a rá, ach an dá bhothán, agus nuair a thagadh an mhaidean thugadh na fir turas ar a chéile ag cur is ag cúiteamh ar cad dob fhearr le déanamh i rith an lae. Is minic gurb aon bhia amháin a bhíodh acu, mar is lánmhinic a ráingíodh an bia ullamh nuair a thagadh an fear eile isteach tar éis a thurais a bheith tabhartha aige agus d'itheadh agus d'óladh féin mar bhíodh roimis.

Bhíodar ag cur dóibh go hálainn nó gur phrioc an bheach an bhean nár chuir Dia aon scéimh uirthi agus gur buaileadh isteach ina haigne ná raibh aon mheas ag fanacht aige an bhfear uirthi. Dúirt sí leis go minic nár cheart dó bheith ag dul isteach 'on bhothán eile agus gur ghalánta dó go mór fanacht amach as.

"Ná tagann an fear eile anso chomh maith, agus ná fuil sé ceart agamsa dul chuige?"

Dubairt sí ná raib ⁊ go raib sí féin dá rá
léir deipead a beit aige le nó mar a
mbead go mbead bótar éigin uile aici féin.
Éist go béal aipseirean ⁊ ná cloisfead sé
seo amuit aon focal zo'd cuid cainnte.
Is cuma liompa cad a cloisfaid sé seo
amuit ná tupa na teannta aipseipe ac
bead mo toil féin agampa mar ag cup—
faip-se uait. Níor cuip an feap puinn
suime na glóir mar bí 'ios aige ná feadfad
sé a cúipaim a cup cuinn cinn gan
tuipap a dubairt aip an bfeap uile.
Bíovap ag cup dóib ⁊ gan an lánúna
do treagpa le na céile, ac ní raib aon
leigeap aip bí an ait ro tapgulta ⁊ níor
bfeidip an beapt do déanaim gan a
beit ag dul go dtí na céile. Bí an beipt
ban ana siábialta lé'n céile nuaip a
bídip ag cainnt lé céile. ac lé tamall
tug an bean bpeág so féin fáka go
raib an bean buide ag fágailt a beit
ana neam-cainnteac socap mar bíod
sí riam roimpin. Dubairt sí lé na
feap féin é lá go raib Siobán gan puinn
cainnte lé tamall anois, ⁊ an dóil
leat appa an feap da freagaip ná
go mbpataim aip Tomáp ná go bfuill
ruid éigin ag luide aip, ní fuigaim
toip ná tuar lé coitcoip é ⁊ is cuma
leip mar geall aip caopad ná aip
uain.

Dúirt sí ná raibh, agus go raibh sí féin á rá leis deireadh a bheith aige léi, nó mara mbeadh, go mbeadh bóthar éigin eile aici féin.

"Éist do bhéal," ar seisean, "agus ná cloiseadh sé seo amuigh aon fhocal ded' chuid cainte."

"Is cuma liomsa cad a chloisfidh sé seo amuigh, ná tusa ina theannta," ar sise, "ach beidh mo thoil féin agamsa mara gcuirfirse uait."

Níor chuir an fear puinn suime ina glór, mar bhí a fhios aige ná féadfadh sé a chúram a chur chun cinn gan turas a thabhairt ar an bhfear eile. Bhíodar ag cur dóibh agus gan an lánú róchneasta lena chéile, ach ní raibh aon leigheas air; bhí an áit ró-iargúlta agus níorbh fhéidir an bheart do dhéanamh gan a bheith ag dul go dtína chéile. Bhí an bheirt bhan an-shibhialta lena chéile nuair a bhídís ag caint le chéile. Ach le tamall, thug an bhean bhreá so fé ndeara go raibh an bhean bhuí ag fáilt a bheith an-neamhchainteach seachas mar a bhíodh sí riamh roime sin. Dúirt sí lena fear féin é lá go raibh Siobhán gan puinn cainte le tamall anois.

"Agus an dóigh leat," arsa an fear á freagairt, "ná go mbraithim ar Thomás ná go bhfuil rud éigin ag luí air; ní fhaighim thoir ná thiar le coicíos é, agus is cuma leis mar gheall ar chaora ná ar uan."

4 Tá sé istigh ann ceann arsa an bean
leis gur cad 7 formad atá uirthi mar bhfaigheas
beagáinín do uirthi inné. Ní uirthi ná tá son
uirthi sa nádúr nádúrtha so tá macaill go
bráth uirthi 7 nár maoidhim a saol air an
bhfear bocht atá ag caitheamh a bhearta léi.
Sin mar bhíodar ag caitheamh na haimsire
ach tagadh Tomás isteach chúca gach oirnea
madain ach ní fada air fad d'fhanfadh sé,
maidean bhreágh ghréine tánaig Tomás isteach
na bothán féin tareis cruas na cloiche
a bheith rúbartha aige 7 tamall rúbartha
sa bothán uile aige. Nuair a tánaig sé
isteach ní raibh aon duine sa bothán
na suidhe roimis. Do ghlaoidh sé air Siobhán
ach bean é an ghlaodh nár freagradh. Chuaidh
sé an t-sompla ach má chuaidh ní raibh
Siobhán le fágáil ná aon tuairisc uirthi
d'imthig sé suas an bothán uile ach má
chuaidh ní raibh Siobhán suas roimis. Cad
tá ort arsa an fear suas leis ó air seirgean
níl Siobhán le fágáil agam 7 táim siúráilte
go bhfuil deireadh agam léi. Imthigh amach
tá innis atá sí sin 7 fan go fóill 7 beidh
sí chugat abhaile láithreach. Ná fan neoimint
arsa Tomás ach teanam leat am theannta
tá sí siúd air iarraidh anois 7 ní cíodfad
go bráth uirthi í. Ná bac son arsa Domhnall
tá bos é ná fuil ios agat nár ídig sí
í féin. Éisc arsa Tomás nach aige duine
féin is fearr a bhíonn ios cá luigheann an
bróg air.

"Tá sé istigh im' cheann," arsa an bhean leis, "gur éad agus formad atá uirthi, mar bhraitheas beagáinín de uirthi inné."

"Mhuise, má tá san uirthi san áit iargúlta so, tá máchail go brách uirthi, agus nár mhaím an saol ar an bhfear bocht atá ag caitheamh a bearta léi."

Sin mar a bhíodar ag caitheamh na haimsire, ach thagadh Tomás isteach chucu gach tarna maidean, ach ní fada ar fad d'fhanfadh sé. Maidean bhreá ghréine, tháinig Tomás isteach ina bhothán féin tar éis turas na cloiche a bheith tabhartha aige, agus tamall tabhartha sa bhothán eile aige. Nuair a tháinig sé isteach, ní raibh aon duine sa bhothán ina shuí roimis. Do ghlaoigh sé ar Shiobhán, ach b'in é an glao nár freagradh. Chuaigh sé 'on tseomra, ach má chuaigh, ní raibh Siobhán le fáil, ná aon tuairisc uirthi. D'imigh sé suas 'on bhothán eile, ach má chuaigh, ní raibh Siobhán thuas roimis.

"Cad tá ort?" arsa an fear thuas leis.

"Ó," ar seisean, "níl Siobhán le fáil agam agus táim siúrálta go bhfuil deireadh agam léi."

"Imithe amach fé Inis atá sí sin agus fan go fóill agus beidh sí chugat abhaile láithreach."

"Ná fan neoimint," arsa Tomás, "ach téanam leat im' theannta. Tá sí siúd ar iarraidh anois, agus ní chífead go brách aríst í."

"Ná bac san," arsa Dónall. "Tóg bog é, ná fuil a fhios agat nár ídigh sí í féin."

"Éist," arsa Tomás, "nach ag duine féin is fearr a bhíonn a fhiosa cá luíonn an bhróg air."

5 | Ag mo beirt gruag na h-innise 7 táirg ná a
  | ruaigse ní bhfuaradar. Nuair a bí bean
  | Domhnall ollamh 7 a cuid cúipime déanta aici
  | tug sí gruag amach 7 an céad rud gur luig a
  | súile air ná uilip éigin fé na bun síos air
  | snámh. Bí cuas fé bun a tíge gur bhféidir le
  | duine dul síos ann agus léimí amach sa
  | n-uisge má ba mhaith leis San do dhéanamh
  | ní raibh aon bhád aige an dá aoire mar is
  | amhlaidh a tugadh bád gruag orpa gach coigeoir
  | lé lón naa lé pé nidte a bead ag teastabáil
  | uata. Cas an bean uile air an dug go mear
  | 7 d'innis an sgéal tánaig an beirt fear
  | go tapaidh 7 slat 7 dapú aca cun í tarrac
  | isteach. Cuadar síos an cuas agus caiteadar
  | amach an dapú 7 dubán no ceangailte
  | do, tic sin a raibh dá mhaith dóibh ann. Bí
  | sí amuic air snámh air an luinn 7 í ag amrán
  | go fada bog binn. Dubairt na fir lé snámh
  | isteach 7 teact abaile tic sé freagra a tug
  | sí orpa. Ná raghad-sa 7 má caitté báil caitgac
  | amach fé r ná sléibte Cúin as Oileamhin mapa
  | nap naonap mapa a g. Comhnáidean na héin
  | cun snáim. Tair isteach arsa Domhnall 7
  | bíod Gall agat, ac ní raibh ac an focal raite
  | aige nuair a tuit na lámha sgar síos lé 7
  | deag sí. Má tuit an t-anam féin aiste
  | níor cuaid sí go greann ná go h-íocrap na
  | fairrge 7 bana aic leo San. Bíodar ag
  | caiteam an dapú coiteanta ac sin a raibh
  | dá mhaith dóibh ann. Bí sé ag cur ana
  | iongantais orpa í a beit ag freact air barp
  | an n-uisge. Tá n lá breag arsa Domhnall
  | 7 beidir lé cóghnam dé go d-tiocfad an
  | bád indiu. Ní raibh an focal ceapt as a
  | beal nuair a tánaig mayre 7 dubairt sí
  | go raibh bád an mháisztir ag teact.

130

Thug mo bheirt turas na hInise, agus tásc ná a tuairisc ní bhfuaireadar. Nuair a bhí bean Dhónaill ullamh agus a cuid cúirimí déanta aici, thug sí turas amach, agus an chéad rud gur luigh a súile air ná ailp éigin féna bun síos ar snámh. Bhí cuas fé bhun an tí gurbh fhéidir le duine dul síos ann agus léimeadh amach san uisce má ba mhaith leis san do dhéanamh. Ní raibh aon bhád aige an dá aoire, mar is amhlaidh a thugadh bád turas orthu gach coicíos le lón nó le pé ní a bheadh ag teastáil uathu. Chas an bhean eile ar an dtigh go mear agus d'inis an scéal. Tháinig an bheirt fhear go tapaidh agus slat agus dorú acu chun í tharrac isteach. Chuadar síos 'on chuas agus chaitheadar amach an dorú agus duán ceangailte de, ach sin a raibh dá mhaith dhóibh ann. Bhí sí amuigh ar snámh ar an linn agus í ag amhrán go fada bog binn. Dúirt na fir léi snámh isteach agus teacht abhaile, ach sé freagra a thug sí orthu ná:

"Raghadsa is mo Cheaití ag bhálcaeireacht,
Amach fés na sléibhte ciúin,
As oileáinín mhara inár n-aonar,
Mar a gcónaíonn na héin chun suain."

"Tair isteach," arsa Dónall, "agus bíodh ciall agat."

Ach ní raibh ach an focal ráite aige nuair a thit na lámha siar síos léi agus d'éag sí. Má thit an t-anam féin aisti, níor chuaigh sí go greann ná go híochtar na farraige, agus b'an-ait leo san. Bhíodar ag caitheamh an dorú coitianta, ach sin a raibh dá mhaith dóibh ann. Bhí sé ag cur an-iontais orthu í a bheith ag fanacht ar bharr an uisce.

"Tá an lá breá," arsa Dónall, "agus b'fhéidir le cúnamh Dé go dtiocfadh an bád inniu."

Ní raibh an focal ceart as a bhéal nuair a tháinig Máire agus dúirt sí go raibh bád an mháistir ag teacht.

6. Dúbairt sé cugam arsa Tomás nách mór an
sásam dom í beit le cur féin agam sócar
tá beit imiġte air fuair na mara. ní fada go
raib an bád buailte leó. cuadar féin dein
⁊ dinnsgadar dóib cad a bí suas. cuaid loċt
an báid mar a raib an bean báite ⁊ tógadar
air bórd í ⁊ iugadar isteaċ i dtír í. ní raib
aċ son déanta aca nuair a táinig an báiscaċ
féin mar tuitfead sí amaċ as néiṁ ⁊ nuair
a stop sí séid an gála ⁊ nafaisáite támaig
riaṁ ó soin sa t-slí gor beigint do ṁuinntir
an báid seaċtṁain do caiteaṁ sa ninis
⁊ an bean báite do cur innti. nuair a
bí sí cupta an ġré aca bíodar ag caoint
⁊ ag cur trí na céile, aċ dúbairt Domnall
gor longantaċ an obair í a freaċt air
bárra uisge. bí fear sa bád go raib eólas
maiṫ aige timceall mic mar sin ⁊ dúbairt
sé nar baon longantas an méid son, aċ
nár cualiṡ an ceatrú amráin a dúbairt
sí sar ar tuit an tanam aiste. dúbairt
sí í arsa Domnall. dúbairt arsa fear
a báid ná fuill ios agat an lá a bí sí ag
caoint air caittit go raib bonn éigin aici
leiṡ. is dóċa go raib arsa Domnall. biarsa
an fear uile. bí sí cuinn a beit na máṫair
aguṡ on nuair go raib níor cuaid a leiġid
riaṁ go ġreann. níor cuadla riaṁ aon
níde mar ġeall air sin go dtí anois.
sin mar atá agat arsa an fear uile. aċ
bí an aimsir ag teaċt annuas aguṡ táinig
loċt an báid abaile ⁊ an sgéal nuad aca
go raib bean duinne aca imiġte ⁊ cupta
aige'n aguṡ gor bé an t-éad ⁊ an formad
fé neair a bás. má sé sin a dimtiġ uirṫe
arsa duine dluit ṁuintrea di is mait an
sgéal an oinsgaċ.

"Cabhair Dé chugainn," arsa Tomás. "Nach mór an sásamh dom í bheith le cur féin agam, seachas í a bheith imithe ar fuair na mara."

Ní fada go raibh an bád buailte leo. Chuadar féna déin agus d'inseadar dóibh cad a bhí suas. Chuaigh lucht an bháid mar a raibh an bhean bháite agus thógadar ar bord í agus thugadar isteach i dtír í. Ní raibh ach san déanta acu nuair a tháinig an bháisteach féin mar thitfeadh sí amach as mhéis agus nuair a stop sí, shéid an gála is uafásaí tháinig riamh ó shin, sa tslí gurb éigint do mhuintir an bháid seachtain do chaitheamh san Inis agus an bhean bháite do chur inti. Nuair a bhí sí curtha 'on chré acu, bhíodar ag caint agus ag cur trína chéile, ach dúirt Dónall gur iontach an obair í a fhanacht ar barra uisce. Bhí fear sa bhád go raibh eolas maith aige timpeall nithe mar sin, agus dúirt sé nárbh aon iontas an méid sin, "ach nár chualaís an ceathrú amhráin a dúirt sí sarar thit an t-anam aisti?"

"Dúirt sí í," arsa Dónall.

"Dúirt," arsa fear an bháid. "Ná fuil a fhios agat an lá a bhí sí ag caint ar Cheaití go raibh bonn éigin aici leis."

"Is dócha go raibh," arsa Dónall.

"Bhí," arsa an fear eile. "Bhí sí chun a bheith ina máthair, agus ón uair go raibh, níor chuaigh a leithéid riamh go grean."

"Níor chuala riamh aon ní mar gheall air sin go dtí anois."

"Sin mar atá agat," arsa an fear eile.

Ach bhí an aimsir ag teacht anuas agus tháinig lucht an bháid abhaile agus an scéal nua acu go raibh bean dhuine acu imithe agus curtha aige, agus gurb é an t-éad agus an formad fé ndear a bás.

"Más é sin a dh'imigh uirthi," arsa duine dlúthmhuinteartha di, "is maith an scéal an óinseach."

Caladh na bhFeircíní.

Seán ó Críomhthain. Blascaod Mór.
Dún Caoinn, Daingean Uí Chúise,
Contae Chiarraighe,
10 – 2 – 55.

Cúpla bhliain ó shoin do bhuail chugam isteach mágaistir scoile 7 beirt buachaillí uile le'n cois. Seadh a Sheáin arsheisean an raidfá an "trappach". Ní rabhas féin riamh roimhisin innti 7 do phreab mo croidhe go dtí am beal nuair a fuaireas an caoi air thriall do thabhairt uirthi. Carraig mhór Cloiche iseadh an trappach thiar deireach air an mblascaod mhór atá Sí uaim 7 deich míle slí idir í féin 7 an blascaod lastuaidh atá tig an t-Solus 7 pé áit go bhfuill iongantas níl an trappach gan a cuidféin do. An duine na feacaidh fós riamh í ní chreidfeadh sé go bhfuill Sí chó h-iongantach tá an oiread son oibre déanta innti 7 son déanta air Cloic Ghruadh bí an lá go Cáisgeach gan leoithneadh air thalamh ná air muir é chó Ciúin lé linn aba 7 aoinne go mbeadh mian air Cúm thrúis do thabhairt ní rabh aon caoch leath-sgáil aige. Son mar bí dubhairt an mágaistir liom an Duna a thabhairt liom go mbeadh mórán Gcreann leas mappa againn. Mar Cuimh na firinne innsint tá an trappach lán go bruach dos gach soirgheas Gean fappaige. bhuaileas chugam mo Duna 7 beagán lóin i g-cómhair an lae iughas mágaidh féin g-Caladh isteach liom an naomhóg 7 as go bráth linn fé bhráid na trappacha. dá uair a Cloig lom deireac a thóg Sé uainn an naic do bhaint amach 7 leath buille mar í tádair ramhuidheacta againn air an naomhóg. nuair a Chuamair go radharc na d-tighthe do leath mo dhá shúil ormsa ó thrú linn arsa mise leis an mágaistir nách dheas 7 nách iongantach an áit í.

Caladh na bhFeircíní

Seán Ó Criomhthain
Blascaod Mór, Dún Chaoin,
Daingean Uí Chúise, Co. Chiarraí – 10-2-35

CÚPLA bliain ó shin do bhuail chugam isteach máistir scoile agus beirt bhuachaillí eile lena chois. ''Sea, a Sheáin,'' ar seisean, ''an raghfá 'on Tiaracht?''

Ní rabhas féin riamh roime sin inti agus do phreab mo chroí go dtím' béal nuair a fuaireas an chaoi ar thuras a thabhairt uirthi. Carraig mhór chloiche is ea an Tiaracht. Thiar díreach ar an mBlascaod Mór atá sí, tuairim is deich míle shlí idir í féin agus an Blascaod. Is uirthi atá Tigh an tSolais, agus pé áit go bhfuil iontas, níl an Tiaracht gan a cuid féin de. An duine ná feacaigh fós riamh í, ní chreidfeadh sé go bhfuil sí chomh hiontach, tá an oiread san oibre déanta inti, agus san déanta ar chloich chruaidh. Bhí an lá go caithiseach gan leoithne ar thalamh ná ar muir, é chomh ciúin le linn abha, agus éinne go mbeadh mian air chun turais do thabhairt, ní raibh aon chaoi leathscéil aige. Sin mar bhí. Dúirt an máistir liom an gunna a thabhairt liom, go mbeadh mórán Éireann éan mara againn, mar chun na fírinne insint, tá an Tiaracht lán go bruach des gach saghas éan farraige. Bhuaileas chugam mo ghunna agus beagán lóin i gcomhair an lae. Thugas m'aghaidh fén gcaladh, isteach liom 'on naomhóig, agus as go brách linn fé bhráid na Tiarachta. Dhá uair an chloig lom díreach a thóg sé uainn an áit do bhaint amach, agus leathbhuille maith láidir rámhaíochta againn ar an naomhóig. Nuair a chuamair go radharc na dtithe, do leath mo dhá shúil ormsa.

''Ó, Dia linn,'' arsa mise leis an máistir, ''nach deas agus nach iontach an áit í.''

is dóil liom é air seisean. ní cionn sibh fáic
fós arsa buachaill a bí sa naomhóig mar bí son
go minic roimhe sin innti tos aige cad a bí déanta
innti. níl aon áit ceart cuin dul a dtír innti
mar a mbeadh an lá ana ciuin air fad, ach tá
fearras déanta aige lucht an t-soluis innti gor
féidir leo dul 7 teacht gach aon t-saigheas lae.
tá cuas mór ann 7 tá téad cruaidh treasna an
cuasa 7 gach ceann le ceangailte go daingean 7
annyon puilín agus téad uile isteach 7 amach uirthe
sin 7 is féidir leat dul sa téad sin mar a mbeadh
aon eagla ort 7 eagair i dtír gan cuntúbairt
tá falla beag iátáin cois na cloice 7 is féidir
dul amach air lá ciuin. sin é an áit gor
cuamair-ne amach air an lá so péir domhan
é. nuair a bhíomair ag déanamh isteach air an
bhfalla so raibh agam go comhaic lucht tighe
an t-soluis sin 7 geallaimse duit nár tóg sé
a bhfad uaia teacht féin air mbórd mar cuin
na fírinne a innsint bíonn sgóp an domhain
orta nuair a tugann aon bád aon ruag orta
7 cuin an cirt do tabhairt dóibh, is dóil liom
go bhfuill siad air na daoinne is fearr air na
h-oileáin go léir mór timcheall. cuireadh ceangal
air an naomhóig, ródálca a d'fágamair i mar
nár bhféidir i tarrac anáirde 7 rud uile ní raibh
aon ghábhadh leis mar bí an nuair go ciúnach.
tug an fear ceann féin mar dubhairt sé féin
sé sin an (Head Light Keeper) mar bí gaeluinn
mait aige canathaobh na bead fear ó tír connaill
do bead é. tug sé leis mór timcheall na háite
sin 7 rudan gor b-iongantach an radharc
domhsa na h-oibreacha go léir ní bhfuaireas
aon t-siobóilceas ionganta mar is amhlaidh a
cuireadar eagla orm.

"Is dóigh liom é," ar seisean.

"Ní chíonn sibh faic fós," arsa buachaill a bhí sa naomhóig, mar bhí san go minic roime sin inti, agus a fhios aige cad a bhí déanta inti.

Níl aon áit cheart chun dul i dtír inti mara mbeadh an lá an-chiúin ar fad, ach tá fearas déanta ag lucht an tsolais inti gur féidir leo dul agus teacht gach aon tsaghas lae. Tá cuas mór ann agus tá téad cruaidh trasna an chuasa, agus gach ceann léi ceangailte go daingean, agus ansan puilín agus téad eile isteach agus amach uirthi sin, agus is féidir leat dul sa téid sin mara mbeadh aon eagla ort, agus raghair i dtír gan cúntúirt. Tá falla beag tátháin cois na cloiche agus is féidir dul amach air lá ciúin. Sin é an áit gur chuamair-ne amach air an lá so, pé ar domhan é. Nuair a bhíomair ag déanamh isteach ar an bhfalla so ráite agam, do chonaic lucht tí an tsolais sinn, agus geallaimse dhuit nár thóg sé i bhfad uathu teacht fénár mbráid, mar chun na fírinne a insint, bíonn scóp an domhain orthu nuair a thugann aon bhád aon turas orthu, agus chun an chirt a thabhairt dóibh, is dóigh liom go bhfuil siad ar na daoine is fearr ar na hoileáin go léir mórd-timpeall. Cuireadh ceangal ar an naomhóig; ródálta a dh'fhágamair í mar nárbh fhéidir í tharrac in airde, agus rud eile, ní raibh aon ghá leis, mar bhí an uain go 'riúnach.

Thug an "Fear Ceann," féin mar a dúirt sé féin sé sin an Head Lightkeeper, mar bhí Gaelainn mhaith aige, cad 'na thaobh ná beadh, fear ó Thír Chonaill ab ea é, thug sé leis mór timpeall na háite sinn agus ar a shon gurb iontach an radharc domsa na hoibreacha go léir, ní bhfuaireas aon tsuáilceas iontu, mar is amhlaidh a chuireadar eagla orm.

3

Tá mnaoi iongantac innti cuin na haidirce
a cuir a séideaḋ 'sí sin aḋarc an ceoiġ
a bíonn dá séideaḋ cuinn na n-áiríg a
coimeád ón dtalaṁ lá ceoiġ no óiḋce. Tá
lampa an t-soluir leir go gléoire ⁊ go ní aimroc
mire ná feacaiz aon niḋe copúil leir riaṁ ⁊
fada go ndéarfainn gur lampa soluir é, ní déarfainn
aċ a mialaiṙt aiṙ fad. déarfainnse go tiġ do
ḋuine uaral éigin é, no rud éigin dá soirt.
nuair a bí zaċ niḋ carpainte aige ḋuinn tug
sé leir irteaċ na tiġ féin sin ⁊ nuair a
cuireamair aiṙ ż-ceann irteaċ tógfaḋ sé
maiṙiḃ ar uaiġ an bloc breáġ cúirte a bí
amaċ an doruir. bí bórd ollaṁ ruar ann —
ron aige ceann dosna fiṙ atá imbun an
t-soluir ⁊ é runaċ ftan don t-sagart féin
bí an tae ollaṁ ⁊ ní ḋinneamair aċ suiḋe
síor ⁊ aṙ ndótainn diṫe. bí beiḋlín ⁊ maleóddn
⁊ gramfón aca ⁊ cuirfeaḋ sé na flaṫair i
z-caoine ḋuit bí sé có compórdaċ son.
nuair a bí zaċ niḋe réid ⁊ an tae olta ⁊
tamall túbarta az cainnt againn buaile—
mair amaċ faon ż-corrraiġ móir ard ⁊ an
zuna againn. neaċfaiḋ súil feacaiz riaṁ
a beiréid do raḋarc aiṙ canlizte ⁊ mar
bí innti an lá son ⁊ túbairt an fear
ceann linn go mbead ceo ann amáireac,
mar gur lé linn ceoiġ a bí siad go léir có
fliuirreaċ son. bí an ceart aige leir ⁊ ⁊
minic a cuinním ó son aiṙ an lá son
mar amáireac bí ceó go siúle ann.
bí an fear ceann go h-iongantaċ aiṙ an
n-zuna ⁊ nuair a ċaramair aiṙ na tiġte
bí cirite dorpin gan aige leir. tá raḋarc
gna ḋear ó barra na tiarraċta tá breáġ
feacaint i dtreo na cirite ardaiḃ tá
mórán lé feircint azat.

Tá innill iontach' inti chun na hadhairce a chur á séideadh, sí sin adharc an cheoigh a bhíonn á séideadh chun na hárthaí a choimeád ón dtalamh lá ceoigh nó oíche. Tá lampa an tsolais leis go gleoite agus go niamhrach. Mise ná feacaigh aon ní cosúil leis riamh, is fada go ndéarfainn gur lampa solais é. Ní déarfainn, ach a mhalairt ar fad, déarfainnse go tigh do dhuine uasal éigin é, nó rud éigin dá shórt. Nuair a bhí gach ní teaspáinte aige dúinn, thug sé leis isteach ina thigh féin sinn, agus nuair a chuireamair ár gceann isteach, thógfadh sé mairbh as uaigh, an boladh breá cumhra a bhí amach an doras. Bhí bord ullamh suas ansan aige ceann des na fir atá i mbun an tsolais agus é 'riúnach glan don tsagart féin. Bhí an tae ullamh agus ní dheineamair ach suí síos agus ár ndóthaint d'ithe. Bhí bheidhlín agus mileoidean agus gramfón acu, agus chuirfeadh sé na Flaithis i gcuimhne dhuit, bhí sé chomh compordach san. Nuair a bhí gach ní réidh agus an tae ólta agus tamall tabhartha ag caint againn, bhuaileamair amach fén gcarraig mhóir ard agus an gunna againn. N'fheacaigh súil pheacaigh riamh a leithéid de radharc ar éanlaithe agus mar a bhí inti an lá san, agus dúirt an "Fear Ceann" linn go mbeadh ceo ann amáireach, mar gur le linn ceoigh a bhíonn siad go léir chomh flúirseach san. Bhí an ceart aige leis, agus is minic a chuimhním ó shin ar an lá san, mar amáireach, bhí ceo go súile ann.

Bhí an "Fear Ceann" go hiontach ar an ngunna agus nuair a chasamair ar na tithe, bhí ceithre dosain éan aige leis. Tá radharc an-dheas ó bharra na Tiarachta lá breá. Féachaint i dtreo na ceithre ardaibh, tá mórán le feiscint agat,

na hoileáin go léir theas orl an fharraige
móir thuaid Conntae Ciarraighe thoir 7 an
Sgeilig 7 an fharraige thiar. Mór bhriathamair an
tumpair ag sleamhnúghadh tharrainn 7 bí beagán
pléar fós againn 7 thar cuig uair cúpla dosain
forracán a bhaga mar bíonn na mílte
aca So air aon bhinnte abáirr 7 do leacfá ceirc
dosain lé haon phléar abáirr aca. Nuair a bhíomair
ag fágaint theasthuig ó bhfear ceann go mbeadh cuil
uile agam i gcomhair na farraige Soir, ach ní
raibh aon jabad lé agus ní bhacamair i 7 dfágamair
Slán 7 beannacht aca 7 gheallaimse dhuit nách
ag gáirraide a bíodar mar gor thánaig cuma
an n-uagan ais go maith orta. Chuamair an
naomhóig 7 thugamair fés na forracáin 7 dá phléar
a Cíamair 7 bí Sé daosain aca againn leis
an meid Sin. Ualach mór iseadh Sé daosain forracán
mar if Gin ana mhór iseadh iad, 7 iad mór ramhar
trom. Thugamair ár n-aghaidh air an d-tig 7 Creid
Sé mise leis go raibh ualach ag teacht abhaile
orrainn 7 an bhriathair féin nár dhfág mo
mhágisúr na déig iad gor thug Sé leis abhaile
iad Có maith lé fear na méarpacán.

Nuair a bí an biadh ithte agam ghualeas
amach fén mbaile 7 chuadhas ag cainnt lé fear
aosta athá anfa tig beal dhuirir agam.
Seadh a Seáin airseisean an rabhais Sa
tharracht mó-ú? Do bhíos mise arra mise
Cad dearfá léi airseisean. go h-iongantach
arra mise. Seadh mise airseisean 7 golán
iongantach 7 nách diail an obair athá deanta
na beirteidh do Scocán mapa. Bí forracáin
agaibh is dócha airseisea cén taobh ná bheadh 7
an fearras a bí agat Chúca. Bí forracáin
7 cáin dhearga agaim arra mise 7 ann
Sud atháid Seadh go pluckseach thoinntego
mbeadh aon diail aige connta.

na hoileáin go léir theas ort, an fharraige mhór thuaidh, Contae Chiarraí thoir agus an Sceilg agus an fharraige thiar.

Níor bhraitheamair an aimsir ag sleamhnú tharainn agus bhí beagán piléar fós againn, agus theastaigh uainn cúpla dosan forachan a leagadh, mar bíonn na mílte acu so ar aon bhinse amháin agus do leagfá ceithre dosain le haon philéar amháin acu. Nuair a bhíomair ag fágaint, theastaigh ón "bhFear Ceann" go mbeadh tae eile againn i gcomhair na farraige soir, ach ní raibh aon ghá léi agus ní bhacamair í agus d'fhágamair slán agus beannacht acu. Agus geallaimse dhuit nach ag gáirí a bhíodar mar gur tháinig cuma an uaignis go maith orthu. Chuamair 'on naomhóig agus thugamair fés na forachain. Dhá philéar a chaitheamair agus bhí sé dosain acu againn leis an méid sin. Ualach mór is ea sé dosain forachan, mar is éin an-mhóra is ea iad, agus iad mór ramhar trom. Thugamair ár n-aghaidh ar an dtigh agus creidse mise leis go raibh ualach ag teacht abhaile orainn, agus am briathar féin, nár dh'fhág mo mháistir ina dhéidh iad gur thug sé leis abhaile iad chomh maith le fear na méaracán.

Nuair a bhí an bia ite agam, bhuaileas amach fén mbaile agus chuas ag caint le fear aosta atá insa tigh béal doiris agam. "Sea, a Sheáin," ar seisean, "an rabhais sa Tiaracht inniu?"

"Do bhíos, mhuise," arsa mise.

"Cad déarfá léi?" ar seisean.

"Go hiontach," arsa mise.

"Sea, mhuise," ar seisean, "agus go lániontach, agus nach diail an obair atá déanta ina leithéid de stocán mara. Bhí forachain agaibh, is dócha," ar seisean. "Cad ina thaobh ná beadh agus an fearas a bhí agat chucu."

"Bhí forachain agus éin dhearga againn," arsa mise, "agus ansúd atáid siad go flúirseach, éinne go mbeadh aon dúil aige iontu."

141

5

muise muise aṛseisean ʏ mo ṛud a cuiṛeann
na h-ḋin ceáḋna i ȝ cáoinṫe ḋom ⁊ náċ mó .

caṛ a cuiṛeann an saol ḋo lé h-aoiṡ ḋuinṫe
caḋ leiṛ ȝo nḋeiṛeannu é sin a miċil aṛṛa
muise. ta aṛṛeisea an bṗuill ʼioṛ aȝac ca
bṗuill calaḋ na bṗeiṛcíní. ní ioṛa aṛṛa muise
aċ sé mo ṫuaiṛim ȝoṛ sa ṫiaṛṛaċt aca se
i náit éiȝin, seaḋ aṛseisean ⁊ neosṗaḋ-sa sȝeal
ḋuiṫ maṛ ȝeall aṛ sin anoiṛ ó sȝeal a ċaiṛiȝeaṛ
sȝeal. nuaiṛ a ḃí na h-ai maiȝiṡcṛí úmċeall
annṛo aȝ tóȝainṫ ciósa ⁊ ḋá ḃailiúȝaḋ níoṛ ṛó
maiṫ an aṛṛa iad ⁊ cuinn na ṗeiṛṛíne innṡinṫ
ba neaṁ-ṫṛuaḋṁeileaċ an ḋṛaom ḋaoinṫe iad
ḃí bean ṫeaṛ annṛo i ḃṗoṛais ḋé ṗionnȝṛá ȝo n—
ȝṛaoḋiṛ beaṛ ṛice uiṛṫe ⁊ ṗé áiṫ ȝo ṛaiḃ ḋṛoi ḃean
ṛiaṁ ḃí sí aṛ ceann aca. ʏ maiṫ ʏ cuinn maṛ a
mbeaḋ an cióṛ aȝaṫ sa ṫ-slán ȝuinnṫe aȝaṫ ḋiṫ
ȝo mbeaḋ an báṛ ḃuailṫe leaṫ ⁊ ṫu caiṫṫe
úmaċ aṛ an mbóṫaṛ, aċ ó áȝ cáȝaiṛṫ ḋo-sna
hḋin é ⁊ ḋon ḋ-ṫaṛṛaċṫ ⁊ ḋo calaḋ na bṗeiṛcíní
ṫá có maiṫ aȝam é ȝṛíoċnúȝaḋ ḋuiṫ ó ċaiṛiȝeaṛ
ċuȝam é. ʏ maiṫ an ṫamall aṫá ann anoiṛ
ó ḃíoṛ ṗéin ⁊ maṫaiṛ beannaċṫ ḋé leṛ anam
⁊ lé h-anamaṛaċa na maṛḃ ȝo léiṛ óṛ ṛuḋ é
ȝo bṗuillim aȝ cainnṫ oṛṫa. ḃíȝmaṛ annṛo ṫaṛ
maiḋin bṛeáȝ ȝṛéine iṡṫiȝ i ȝ ceann a ȝoiṛṫ"
ḋá ċuṛṛán aȝainn aȝuṛ ṗíosa ḋeaṛ coiṛce
aȝainn lé ȝeaṛṛa ⁊ an ṫuain ȝo ṛunaċ ċuȝe.
ṗé súil ṗéacainṫ a ṫuȝaṛ ṗéin a ḋeaṛ ṗé báḋ
an ḋainȝin caḋ aṛ ȝo liċṗin ino súil ná aṛ
báḋ. ta báḋ éiȝin aȝ ṫeaċṫ ȝo ḋṫí an ṫ-oileán
ṡo indiu aṛṛa mé ṗéin lem aṫaiṛ. ṫóȝ sé a
ceann aȝuṛ ḋo connaic í ȝo ṫapaiḋ. ta aṛseiṡean
aȝuṛ náṛ a slán na beaṫaiḋ ḋi ȝan olċ ḋo-n
meiḋ aṫá innṫi. caḋ ta oṛṫ-sa aṛsa mé ṗéin
leiṛ. ta aṛseiṡean ṗan leaṫ ȝo ṗóil ⁊ beiḋ ioṛ
ȝo maiṫ aȝaṫ bun a cuiṛine sin.

"Mhuise, mhuise," ar seisean, "is mó rud a chuireann na héin chéanna i gcuimhne dom, agus nach mó cor a chuireann an saol de le haois duine."

"Cad leis go ndeireann tú é sin, a Mhicil?" arsa mise.

"Tá," ar seisean, "an bhfuil a fhios agat cá bhfuil Caladh na bhFeircíní?"

"Níl a fhiosa," arsa mise, "ach sé mo thuairim gur sa Tiaracht atá sé in áit éigin."

"Sea," ar seisean, "agus neosfadsa scéal dhuit mar gheall air sin anois, ós scéal a tharraigíos scéal. Nuair a bhí na hathmháistrí timpeall anso ag tógaint cíosa agus á bhailiú, níor rómhaith an earra iad, agus chun na fírinne insint, ba neamh-thruamhéileach an dream daoine iad. Bhí bean theas anso i bParóiste Fionntrá go nglaoidís Bess Rice uirthi, agus pé áit go raibh drochbhean riamh, bhí sí ar cheann acu. Is maith is cuimhin, mara mbeadh an cíos agat, sa tslánchruinne agat di, go mbeadh an bhas buailte leat agus tú caite amach ar an mbóthar. Ach ós ag tagairt dos na héin é agus don dTiaracht agus do Chaladh na bhFeircíní, tá chomh maith agam é chríochnú dhuit, ó tharraigíos chugam é.

Is maith an tamall atá ann anois ó bhíos féin agus m'athair beannacht Dé lena anam agus le hanamanacha na marbh go léir, ós rud é go bhfuilim ag caint orthu, bhíomair anso thiar maidin bhreá ghréine istigh i gCeann an Ghoirt, dhá chorrán againn agus píosa deas coirce againn le gearradh, agus an uain go 'riúnach chuige. Pé súilfhéachaint a thugas féin ó dheas fé Bhá an Daingin, cad air go ligfinn mo shúil ná ar bhád. "Tá bád éigin ag teacht go dtí an t-oileán so inniu," arsa mé féin le m'athair. Thóg sé a cheann agus chonaic í go tapaidh.

"Tá," ar seisean, "agus nára slán ina beathaidh di gan olc don méid atá inti."

"Cad tá ortsa?" arsa mé féin leis.

"Tá," ar seisean, "fan leat go fóill agus beidh a fhios go maith agat bun a cúirime sin."

6

fé Ceann leat-uaire a Clog bí an bád aig
an 3. Calad. Ragad soir a feacainc cé hiad
féin arsa mise leis an bfear eile, go dtagnir
anoir airisean is géarr go mbeid rolf agac cé
hiad son. Níor labairos a tuillead mar ceapas
gor loct Giosa a bailliújad a bí inntí. Cúpla
tormán a bí bainnce agam nuair a connac
cújam i leit an beirt fear y fuadar cúca.
tánadar isteac on jort don náib Sm. y ní rabadar
leis air tormaim nuair a dubairt fear aca go
3-caitfead duinne eigin agam dul lem z-coir
mar go raib sgeala léigice aige Beos Ricc cújain
dul a marbú na foipínní. nar guaid an caf é
Smaguy gode an tact é da mbead pag na
punnain as. ní raib fait le deannam Caicfaide
dul ann no a beit amuit ais an dag amaireac
na fir a tánaiz sa bád féin y a z-coinne a
z-coif a tánadar ac caitadar teact no a
beit air an mbuaile féin mar dubairt an
fear. buiseant dom mo Cuppan a Caiceam
uagam y gluaiseact ineinfeact leó go dúbar y
go doct y air manamsa féin gor dom nar
bronzanna. bí an sgeal ceadna go dtí cújair
eile on mbaile eó mait lompa, y Caiceamair
gluaiseact linn siar isteact an tappact le
lán a báid do feipcíní y do Salann y Seactmain
fada direac a tubairt anyon aig marbú
foipínní da bprioca aguy da g-cup air salann
ó maidin zo hoidce riam y coidce no zo mbead
an fipicín deannac lán agaim. nalac mait
feipein dince suay zo foipínní y zo Salann
y gan an áit ró mait cum é aisgniú. níl
ror agacsa airseisean lompa cá bfuil
Calad na bfeipcíní y ní fearr duit a beit.
tá sé tamall aniar ón áit zo raib an
naomoz rodálta agac-sa insiu an
poinnte y ziorra do son direac y séic.

144

Fé cheann leathuaire an chloig, bhí an bád aige an gcaladh.

"Raghad soir ag féachaint cé hiad féin," arsa mise leis an bhfear eile.

"Go dtagair anoir," ar seisean. "Is gearr go mbeidh a fhios agat cé hiad san."

Níor labhras a thuilleadh, mar cheapas gur lucht cíosa a bhailiú a bhí inti. Cúpla dornán a bhí bainte agam nuair a chonac chugam i leith an bheirt fhear agus fuadar chúthu. Thánadar isteach 'on ghort den ráib sin agus ní rabhadar istigh ar fónamh nuair a dúirt fear acu go gcaithfeadh duine éigin againn dul lena gcois, mar go raibh scéala ligithe aige Bess Rice chugainn dul ag marú na bhfuipíní. Nár chruaidh an cás é sin agus cad é an tábhacht é dá mbeadh pá ná punann as?

Ní raibh faic le déanamh. Caithfí dul ann, nó a bheith amuigh as an dtigh amáireach. Na fir a tháinig sa bhád féin, is i gcoinne a gcos a thánadar, ach chaitheadar teacht nó a bheith ar an mbuaile féin mar a dúirt an fear. B'éigeant dom mo chorrán a chaitheamh uam agus gluaiseacht in éineacht leo go dúr agus go docht, agus ar m'anamsa féin, gur dom nárbh ionadh. Bhí an scéal céanna go dtí cúigear eile ón mbaile chomh maith liomsa, agus chaitheamair gluaiseacht linn siar isteach 'on Tiaracht le lán an bháid de fheircíní agus de shalann agus seachtain fada díreach a thabhairt ansan ag marú fuipíní, á bpriocadh agus á gcur ar salann ó mhaidin go hoíche, riamh is choíche, nó go mbeadh an feircín déanach lán againn, ualach maith feircín dingthe suas de fhuipíní agus de shalann agus gan an áit rómhaith chun é a aistriú. Níl a fhios agatsa," ar seisean liomsa, "cá bhfuil Caladh na bhFeircíní agus ní fearr dhuit a bheith. Tá sé tamall aniar ón áit go raibh an naomhóg ródálta agatsa inniu, an pointe is giorra dó san díreach, is é é."

Tugas fé n-deara é arsa mise 7 déarfainn ná
fuil aon duine na béaraid a thiúbarfad aon
mhualac síos ann. Éist do béal a dhuine 7
ná bíod aoinne ag cainnt air cad do déanfad
an duine nuair a caitheann sé é. Déanaimh
fear tar fear a tugad síos an fírín leis
ann 7 mo ghrádh iad súd is aca a bíod an
cúntúbairt. Is maith is cuinn liom an lá a
tit Peaid a Tomáis é féin 7 an fírín 7 nár
imin scad ná scaonna gur buaileadh amú
sa bfairrge iad aron annuas air a céile.
ac gur bé lonnú Dé é go raibh an bád
lé na línn ann. Déarfainn arsa mise go
mbead a inarad ann. Bead leis a dhuine
ac is isteac, a gaibh sé inionad gábáile on
dtaob uile. Tugamar-na seachtmain fada
díreac sa hárrác annuair sin 7 cad é
an méid feircíní a bí líonta againn a
díol leat air feag na seachtmaine. Deic
cinn is dócha arsa mise nár mhaic an
cuid é. Tá go breág agat ná raibh agic
núbar againn ann 7 ná fuiliós agat
nác i dtaob lé ceann an fear a bíomair
ipit na seachtmaine. Bí dacad fircín
líonta suas go breác againn mar bí
an méid sin fircíní cupta aige Bess
cughainn 7 ní raibh aon dul abaile aige'n
mbád no go mbead an fírín deireanac
lán. Agus geallaimse duit go mbíod dúil
maic againne féin ionta 7 má bíod gor
suarac an mait dúinn é. ac ó's ag
cainnt air an dtiarrác é 7 air calad na
bfeircíní is mo fear mait a tug a
mhualac do'n dá áit sin riam.

"Thugas fé ndeara é," arsa mise, "agus déarfainn ná fuil aon duine ina bheathaidh a thabharfadh aon ualach síos ann."

"Éist do bhéal, a dhuine, agus ná bíodh éinne ag caint ar cad do dhéanfadh an duine nuair a chaitheann sé é a dhéanamh. Fear thar fhear a thugadh síos an feircín leis ann, agus mo ghraidhn iad súd, is orthu a bhíodh an chúntúirt. Is maith is cuimhin liom an lá a thit Pead 'ac Thomáis, é féin agus an feircín, agus nár dhein stad ná staonadh gur buaileadh amuigh sa bhfarraige iad araon anuas ar a chéile. Ach gurb é leonú Dé é go raibh an bád lena linn ann."

"Déarfainn," arsa mise, "go mbeadh a mharbh ann."

"Bheadh leis, a dhuine, ach is isteach a ghaibh sé in ionad gabháilt ón dtaobh eile. Thugamairne seachtain fhada dhíreach sa Tiaracht an uair sin, agus cad é an méid feircíní a bhí líonta againn, an dóigh leat, ar feadh na seachtaine?"

"Deich cinn, is dócha," arsa mise, "nár mhaith an chuid é."

"Tá go breá agat, ná raibh deichniúr againn ann agus ná fuil a fhios agat nach i dtaoibh le ceann an fear a bhíomair i rith na seachtaine. Bhí daichead feircín líonta suas go bruach againn, mar bhí an méid sin feircíní curtha aige Bess chugainn, agus ní raibh aon dul abhaile aigen mbád nó go mbeadh an feircín deireanach lán. Agus geallaimse dhuit go mbíodh dúil mhaith againne féin iontu, agus má bhíodh, gur shuarach an mhaith dúinn é. Ach ós ag caint ar an dTiaracht é, agus ar Chaladh na bhFeircíní, is mó fear maith a thug a mhallacht don dá áit sin riamh."

147

Caoineadh an Dearmaid.

Seán ó Gríomhtain
Blascaod Mór
Dún Chaoin
Daingean
Co. Gearraí

Suim mhaith bhlianta ó shoin, an nuair ná raibh tímcheall na n-oileán so, ach Gruagán 7 annró, níor dfhás son ná go mbíodh daoine ag dul ag lorg a chéile 7 a pósa ⁊ ag ceangal síos dóibh féin pé olc no maith mar bíodh an saol aca. nuair a tugadh innid an nuair úgadh 7 má pósadh aoinne amháin pósfad a mbíodh púnnc chuige sé sin má bíodh an fuipcaidhe le fághail. bíodh flaith ⁊ féasta aca chó maith le rí na féinne sé sin do réir a nguirtil 7 caitheam amraige ana dheas oíche an pósta nuair a thiocfadh an tánú pósta isceach na d'tig féin do chaithfeadh gach duine a bheadh rómpa póg a thúbairt dóibh 7 crothadh a bhaint as a lámha. bíodh rinnce 7 amhráin bhreátha aca i rith na h-oíche 7 go mór mór aon pósu go mbíodh aon bhraonn don lub nár bheannuigh Pádraig air sin é an pósu go mbíodh an focapam air. má dearfadh fear amhrán an nuair sin 7 ná bead sé grinn aige ní mór ná go marbh a raghadh sé abhaile i d'taobh é tarrac air 7 gan é aige. ⁊ minic a chuir amhrán an nuair úgadh cnopán air súil duine go ceann mí. dé ní ró mhinic a dearfadh duine amhrán mar a mbead

Caoineadh an Dearmaid

Seán Ó Criomhthain
Blascaod Mór, Dún Chaoin,
Daingean, Co. Chiarraí

SUIM mhaith bhlianta ó shin, an uair ná raibh timpeall
na n-oileán so ach cruatan agus anró, níor fhág san ná
go mbíodh daoine ag dul ag lorg a chéile agus ag
pósadh agus ag ceangal síos dóibh féin, pé olc nó maith
mar bhíodh an saol acu. Nuair a thagadh Inid an uair
úd agus má phósfadh éinne amháin, phósfadh a mbíodh
'riúnach chuige sé sin má bhíodh an páirtí le fáil.
Bhíodh flea is féasta acu chomh maith le rí na féinne,
is é sin do réir a ngustail, agus caitheamh aimsire an-
dheas oíche an phósta. Nuair a thiocfadh an lánú
phósta isteach ina dtigh féin do chaithfeadh gach duine
a bheadh rompu póg a thabhairt dóibh agus croitheadh
a bhaint as a lámha. Bhíodh rince agus amhráin
bhreátha acu i rith na hoíche agus go mórmhór aon
phósadh go mbíodh aon bhraon den luibh nár bhean-
naigh Pádraig air, sin é an pósadh go mbíodh an
fothram air. Má déarfadh fear amhrán an uair sin agus
ná beadh sé cruinn aige ní mór ná go marbh a raghadh
sé abhaile i dtaobh é a tharrac air agus gan é aige. Is
minic a chuir amhrán an uair úd cnapán ar shúil dhuine
go ceann mí. Ach ní rómhinic a déarfadh duine amhrán
mara mbeadh

fios aige go raibh sé aige go slachtmhar,] mar
sin a bhí aige an rinnce leis. Ní bheadh aon
dul as agat oíche an pósta má theipfeadh
oiread] aon nóta amháin don g. ceol ort
bhí an buille i nár dhuit. Sé sin le rá ná
bíodh an tigh ró chiúin nuair a bíodh an chaint
air siúbhal mar gheall air an rinnceóir nó
air an amhránaidhe is ana minic air fad
a dóirtadh braon maith fola mar gheall
ortha san araon] is minic a thug fear maith
leath bhliain air an leabaidh mar gheall ortha.
Nuair a bíodh an méid imthe sin a mbíodh
ann an té a bíodh ag troid aréir bíodh sé
na dhuine múinnta amáireach mar is
aoine amháin do bheadh muinntir na n-oileán
an nuair sin. Ní bíodh mí laethanta saoire
aige fear ón oileán ná mí na meala féin
mar bíonn aige daoine atá anois ann,
ach cnoc nó tráigh féin mar a deir an
sean duine: Is minic a phós fear ón
oileán indiu] go mbeadh sé fliuch go
bárca amáireach ag baint feamnuighe
] go minic i g-contúbhairt é báite. Thuit
sé amach uair fear ón áit seo phós
sé indiu] bhí sé báite amáireach
slán beo mar innseap é, fear uile gor
phós sé aon lá amháin a phós bean ón
oileán] gor sámháil sí a anam do
] gor cailleadh aon oíche amháin na
dhéidh sin beirt aca] iad ceirte fuaid

a fhios aige go raibh sé aige go slachtmhar; agus mar sin a bhí aige an rince leis. Ní bheadh aon dul as agat oíche an phósta má theipfeadh oiread agus aon nóta amháin den gceol ort; bhí an buille i ndán duit; sé sin le rá ná bíodh an tigh róchiúin nuair a bhíodh an chaint ar siúl mar gheall ar an rinceoir nó ar an amhránaí. Is an-mhinic ar fad a doirteadh braon maith fola mar gheall orthusan araon agus is minic a thug fear maith leathbhliain ar an leabaidh mar gheall orthu.

Nuair a bhíodh an Inid imithe, sin a mbíodh ann; an té a bhíodh ag troid aréir, bhíodh sé ina dhuine mhuinteartha amáireach, mar is éinne amháin dob ea muintir na n-oileán an uair sin. Ní bhíodh mí laethanta saoire aige fear ón oileán ná mí na meala féin mar bhíonn aige daoine atá anois ann, ach cnoc, nó tráigh féin mar a deir an seanduine. Is minic a phós fear ón oileán inniu agus go mbeadh sé fliuch go bhásta amáireach ag baint feamnaí agus go minic i gcuntúirt é báite. Thit sé amach uair, fear ón áit seo, phós sé inniu agus bhí sé báite amáireach, slán beo mar instear é. Fear eile, gur phós sé aon lá amháin a phós bean ón oileán agus gur shábháil sí a anam dó agus gur cailleadh aon oíche amháin ina dhiaidh sin beirt acu agus iad ceithre fichid.

3.

ᴀᴄ má cailleaḋ ní raiḃ an aimsaiᚱ ró
ᚱúnaᴄ cuiᚱ ᚱaᴅ a cuᚱ na ᚋ-ᴄeampall
ᴅúcaiᚱ ná cuiᚱ oiᚱᚖᴄi ᚱúnaᴄ cóᚱaiᚋ a
ᚱuᴅaᚃᚱ cúca. cailleaḋ an ḃean aᚱ
maiᴅin ᵹo muᴄ ⁊ má ᴅeineaḋ móᚱ ḃféiᴅiᚱ
ᴅul ᵹo ᴅᚱí an ᴅainᵹean cuiᚱ an bósca
a ᚱuᴅaᚃᚱ abaile na an ᴛóᚱaiᚋ ᴅá ḃᚱiᵹe
ᚄin ní raiḃ ᖾaᴄ ᴛé ᵹéanaiᚋ, aᴄ amáin
ᵹeiceall a ᵹéanaiᚋ cuiᚱ bosca éiᵹin
a ᵹéanaiᚋ ⁊ í cuᚱ ᚄa ᴄeampall aᴄá
an ᚄa n-oileán féin. fuaᚱeaḋ ᚄmuᴄ
ᵹo ḃíoma aᵹuᚄ cuᚱeaḋ ᚄaᴜ móᚱ
i ḃfeaᚱaᚄ ⁊ ᚄáᴅ-aᴄ amaᴄ ᵹo capaiᴅ ᴛᚱí
nó ceaᴛᚱaᚱ ᵹo bleoᵹa maiᴄe ᵹo ᵹéil
ᵹeaᚱᵹ ⁊ ᴅinneaḋ cóᚱica ᵹeaᚄ ᚄlaéᴄmaᚱ
ᵹo. ᚋaᚱ ḃí cóᵹlaᚄ maiᴄ aiᵹe an ḃfeaᚱ
a ḃí aᚄ ᵹabaiᴛ ᵹo aᚱ í ᵹo ᵹeanaiᚋ
ᴄé ᚃ ná raiḃ na hoiᚱᴜiᚋᴄí ᚱo maiᴄ aiᵹe
cuiᚱ í ᵹo ᵹéanaiᚋ. ᴛuᵹaḋ ᵹá ᵹéanaiᚋ
ó maᴅan ᵹo maᴅan aᚱíᚄ ⁊ má ᴛuᵹaḋ
aᚱ maiᴅin ᵹo ḃí an cóᚱica ᵹéanca
⁊ an lá ᵹo ᵹúm aᴄ má ḃí ᵹo ḃí ᚄᵹeal
uile féin inḃaile aᚱ maiᴅin ᵹo raiḃ
ᚚaiᴅ leiᚄ ᴄaᚱéiᚄ báᚄ. ᚄin é an uaiᚱ
u ḃí an cainᴛ aᚱ an inḃaile ᵹoᚱ
mó lá aᵹuᚄ oiᵹᴄe ᚄeaᴄaᚱaiᚋ a ḃí
unn ó ᚄaoᚱ ᚄí a anam ᵹo ⁊ ᵹoᚱ
ḃᚱiᚄe aiᴛinᴄ ᵹo ᴅ ᴛúḃaᚱ faᴄ ᚄí bíᴄe
é nuaᚱ a ḃeaḋ ᚄí aᚄ faᵹainᴄ an
ᴄ ᚄaoil. ᚄin maᚱ ḃí ḃí an lá ḃᚱeáᵹ
aᵹuᚄ ḃí muinᴛiᚱ ᴄiᵹe ᚚaiᴅ immiᴄ

152

Ach má cailleadh ní raibh an aimsir ró-'riúnach chun iad a chur ina dteampall dúchais ná chun oiriúintí 'riúnach tórraimh a thabhairt chucu. Cailleadh an bhean ar maidin go moch agus má deineadh, níorbh fhéidir dul go dtí an Daingean chun an bhosca a thabhairt abhaile ná an tórramh; dá bhrí sin ní raibh faic le déanamh ach amháin dícheall a dhéanamh chun bosca éigin a dhéanamh agus í chur sa teampall atá san oileán féin. Fuaireadh smut de bhíoma agus cuireadh *saw* mór i bhfearas agus *saw*adh amach go tapaidh trí nó ceathair de bhileoga maithe de dhéil dearg agus deineadh comhra deas slachtmhar de, mar bhí eolas maith aige an bhfear a bhí ag gabháilt de ar í do dhéanamh, cé is ná raibh na hoiriúintí rómhaith aige chun í do dhéanamh. Tugadh á déanamh ó mhaidean go maidean aríst. Agus má tugadh, ar maidin do bhí an comhra déanta agus an lá go ciúin, ach má bhí, do bhí scéal eile fén mbaile ar maidin go raibh Paid leis tar éis bháis. Sin é an uair a bhí an chaint ar an mbaile gur mó lá agus oíche Shathairn a bhí ann ó shaor sí a anam dó agus gurbh fhuirist aithint go dtabharfadh sí léithi é nuair a bheadh sí ag fágaint an tsaoil.

Sin mar a bhí an lá breá agus bhí muintir tí Phaid imithe

ar geipead na hoíóee 7 bí sé ráite ar
fuaid Dúnchaoin go raib Paid a comáir
taréis báis. bí bean múinntira do Paid
na Cómnaide i nDúnchaoin 7 nuair
a cualaid sí an sgeal bí faire amac
aici feacaint cainin a dodfud sí aon
t-sócraid a fágaint an oiléain ní raib
ios aici go raib an t-seana bean ule
marb cuige ná aon cuineain aici ar
ní fada don lá ná go bfeacaig sí an
t-sócraid ag teact. Sead ar seise lé
féin ragad 7 caoinfead Paid go slactfar
anois. Ní ro fada air (fad) ná go raib na
báid ar caladd Dúnchaoin 7 an córca
cupla amac as an mbád 7 í cupla
suas camall on uisce, ac ní ró fada
ná go mbuaileann cáic annuas 7 í aig silead
na ndeóir go fuideac 7 ó muyse Paid 7 ó
muyse Paid aici tántu go lag 7 go fuar
gan mait 7 ar m'anamsa féin gor
tu a bí a t-fear 7 mar sin do dfeac
gac duimne timceall 7 bait leo an
bean muar na cad a bí dulta sa
ceamn aici. ac ní dúbairt aoinefaic
lé mar bean baoi innti féin do bead
7 agus do deanfad an cleas lé póigneáci
ac bí sí aig caomtad Paid no go raib sí
sásta 7 ní dúbairt aoine faic lé.
cuipead Máire na teampall dúcais
an lá son 7 tánaig gac n-duine
cum a botáin féin ig cómair
na hoíóee.

ar dheireadh na hoíche agus bhí sé ráite ar fuaid Dhún Chaoin go raibh Paid 'a' Thomáis tar éis bháis. Bhí bean mhuinteartha do Phaid ina cónaí i nDún Chaoin agus nuair a chualaigh sí an scéal bhí faire amach aici féachaint caithin a chífeadh sí aon tsochraid ag fágaint an oileáin. Ní raibh fhios aici go raibh an tseanbhean eile marbh chuige ná aon chuimhneamh aici air. Ní fada den lá ná go bhfeacaigh sí an tsochraid ag teacht. "Sea," ar sise léi féin, "raghad agus caoinfead Paid go slachtmhar anois." Ní rófhada ar fad ná go raibh na báid ar chaladh Dhún Chaoin agus an chomhra curtha amach as an mbád agus í curtha suas tamall ón uisce. Ach ní rófhada ná go mbuaileann Cáit anuas agus í ag sileadh na ndeor go fuíoch agus, "Ó mhuise, a Phaid, agus ó mhuise, a Phaid," aici, "tánn tú go lag agus go fuar gan mhaith, agus ar mh'anamsa féin gur tú a bhí i d'fhear," agus mar sin de. D'fhéach gach duine timpeall agus b'ait leo an bhean thuas, nó cad a bhí dulta sa cheann aici, ach ní dúirt éinne faic léi, mar bean bhaoth inti féin dob ea í agus do dhéanfadh an cleas le rógaireacht. Ach bhí sí ag caoineadh Phaid nó go raibh sí sásta agus ní dúirt éinne faic léi. Cuireadh Máire ina teampall dúchais an lá san agus tháinig gach nduine chun a bhotháin féin i gcomhair na hoíche.

155

Lá arna mháireac do bí gac duine ollam suas
cun dul go Sócraid Páid. An lá go h-aoibinn 7 an
fhairrge có sleamain le gloine, ní raib mian
gaoíte air an spéir bí an uain có marb
son. Tógad amac Páid agus stad ná staonad
mór dinnead no gor buailead air Calad
dún Caoin é. Nuair a connaic an bean
muinntteara na báid go léir ag teacht ón
oileán. Cuir sí ceist air duine on mbaile
Cad a bí air na báid go léir a bí ag teacht
on oileán indiu. Tá airseisean Sócraid uile
acá indiu ann 7 ní dúbairt sé a tuillead
a Mhuire Mátair air Leig nác obann an
bas é 7 mo grainn go dealab a muinntir.
Ní aon rud is fearra dom a déanam ná
mo bolcaisí glana a Cuir orm 7 dul an
t-Sócraid tamall. Gléas sí suas í féin
7 stad ná staonnad mór dinn sí no go raib
air an g-Calad Roimis na báid. Cuir sí Cló
airte féin 7 bí ag imteact timceall no
go raib sí mar air leagad an Copp. bí
fear faon g-Copp go raib ios aige Cad do
tuit amac indé Roimisin 7 Cad do dinn
sé na dul go dtí Cáit 7 a rá léi. Sin
é Páid anois agat mór Creid an bean
uile Cad a dúbairt sé Cannas a Creid-
fad 7 Páid Caointe go maic indé Roimisin
aici. Ac fé Ceann tamaill buaileann mac
Páid aníos 7 Cuirean Cáit Ceist air.

Lá arna mháireach do bhí gach duine ullamh suas chun dul go sochraid Phaid, an lá go haoibhinn agus an fharraige chomh sleamhain le gloine; ní raibh miam gaoithe as an spéir bhí an uain chomh marbh san. Tógadh amach Paid agus stad ná staonadh níor deineadh nó gur buaileadh ar chaladh Dhún Chaoin é. Nuair a chonaic an bhean mhuinteartha na báid go léir ag teacht ón oileán, chuir sí ceist ar dhuine ón mbaile cad a bhí ar na báid go léir a bhí ag teacht "ón oileán inniu."

"Tá," ar seisean, "sochraid eile atá inniu ann," agus ní dúirt sé a thuilleadh.

"A Mhuire Mháthair," ar sise, "nach obann an bás é agus mo ghraidhn go dealbh a mhuintir. Níl aon rud is fearra dom a dhéanamh ná mo bhalcaisí glana a chur orm agus dul 'on tsochraid tamall."

Ghléas sí suas í féin agus stad ná staonadh níor dhein sí nó go raibh ar an gcaladh roimis na báid. Chuir sí cló uirthi féin agus bhí ag imeacht timpeall nó go raibh sí marar leagadh an corp. Bhí fear fén gcorp go raibh a fhios aige cad do thit amach inné roime sin agus cad do dhein sé ná dul go dtí Cáit agus a rá léi "Sin é Paid anois agat." Níor chreid an bhean eile cad a dúirt sé; conas a chreidfeadh? agus Paid caointe go maith inné roime sin aici. Ach fé cheann tamaill buaileann mac Phaid aníos agus cuireann Cáit ceist air.

ó aɲ seiʂean ʂin é Paid agaʇ iʒ-ceaɲʇ." ð
muiʂʇ Paid aiɲʂeiʂe milleað oɲʇ-ʂa 7 meaʇ
maɲ iʂ miʂe ʒo Caoiɲɲ ʇuɲa féin mðé iʒ-
ceaɲʇ". Cuiʇ ʒaʇ ðuinne ɲuaiɲ ɱaɲb aʒ ʒáiɲɲiðe
maɲ bí loʂ aca ʒo ɲaib an ceaɲʇ aiɲ ɲad aʒ
an mmaoi bóʇʇ maɲ Cuiɲɲ na ɲiɲinn innʂinʇ
Caoiɲɲ ʂí Paid inðé ɲoimiʂin ʒo ʂʇáʇʇinaɲ
bí ʂí aʒ Caiɲɲʇ lé féin aɲ ɲeað na ʂlíʒo
léɲ í á ɲá ná ɲeaðɲað ʂí é Caoineað anoiʂ
maɲ ʒoɲ Caoiɲɲ ʂí ó Gɲóiðe amaʇ inðé é
7 ðia linn aɲ ɲad aici ɱáʇ é Caoineað an
ðeaɲmaið é ʒ-ceaɲʇ. ʂé an ʇinneaʂ iʂ mó
a bí uiɲʇe ná ʒoɲ ʇnúiɲ báiʂ ðiʇ féin é
7 ʒoɲ bí an ʇead Coɲɲán uile í féin, aʇ
Cualað an ʂaʒaɲʇ ʒo ɲaib ʂí ana iɲi na céile
maɲ ʒeall aiɲ an mbuʇúiɲ a bí ðéanʇa
aici 7 Cuaið ʂé ʇé na bɲáið. Cuaðla a biʇéið
ʂeo maɲ ʒeall oɲʇ aiɲʂeiʂean 7 ná bíoð aon
Eaʒla báiʂ ná buanʇiʒaɲ oɲʇ, aʇ ʇá loba
móɲ lé ɲáʒail agaʇ maɲ iuʒaiʂ Coɲɲadaʂ
7 baoʇuɲ ʒo ðuinne muinnʇɲa ʒo ð Cómɲɲa
7 beið a ɲian aiɲ beið an beiɲʇ ʂin aʒ Cuɲ
Cun ðé aɲ ʒo ʂon ʂa aʂ ʂo amaʇ. nuaɲ
a Cualaið ʂí an méið ʂin ʇánaʒ oiɲead bó
ʒo Gɲóiðe ðiʇ 7 ʇuʒ ʂí ðá lá 7 ðá oiðʇe
aʒ ɲaiðiʇoiɲeaʇʇ ðon ʂaʒaɲʇ 7 ʒo máɲɲe 7 ʒo
Paið.

"Ó," ar seisean, "sin é Paid agat i gceart."

"Ó mhuise, a Phaid," ar sise, "milleadh ortsa agus meath mar is mise do chaoin tusa féin inné i gceart."

Thit gach duine fuar marbh ag gáirí mar bhí a fhios acu go raibh an ceart ar fad ag an mnaoi bhoicht, mar chun na fírinne a insint, chaoin sí Paid inné roime sin go slachtmhar.

Bhí sí ag caint léi féin ar feadh na slí go léir, í á rá ná féadfadh sí é a chaoineadh anois mar gur chaoin sí ó chroí amach inné é, agus Dia linn ar fad aici, nach é caoineadh an dearmaid é i gceart. Sé an tinneas is mó a bhí uirthi ná gur tnúin bháis di féin é agus gurb í an chéad chorpán eile í féin. Ach chualaigh an sagart go raibh sí an-thrína chéile mar gheall ar an mbotún a bhí déanta aici agus chuaigh sé féna bráid. "Chuala a leithéid seo mar gheall ort," ar seisean, "agus ná bíodh aon eagla báis ná buanéagan ort, ach tá loghadh mór le fáil agat mar thugais caradas agus baochas do dhuine muinteartha, dod' chomharsa, agus beidh a rian air; beidh an bheirt sin ag cur chun Dé ar do shonsa as so amach."

Nuair a chualaigh sí an méid sin, tháinig oiread bó de chroí di agus thug sí dhá lá agus dhá oíche ag paidreoireacht don sagart agus do Mháire agus do Phaid.

An t-oileán zan bád.   2135/34.

Ansa t-sean aimsir nuair a bí an Blas-
caod zan oiread y aon ainimiðe beó ðá siúbal
bí truar ðpeacáir na z-cómnaiðe in-dún-
caoin zo raib suas lé fear bó ðo talam aca.
bí ðá bó bainne aca ðoran caopac y beazán
zabar. tá áirice ðúbairc an tacair leo ðá
mbeað an óize aize féin ná beað an t-oileán
breáz Son iscuz az imiceace bán zan oiread
y ðuine beó ðá siúbal ná fiú amáin
an t-ainimiðe azuy air sé Sin leó an té
a cuirfead cuize i z-ceapt azuy zo mbeað
bád aize azuy fuirean ðo beað an saol
air a toil féin aize ann. tá talam ðeas
réiz coptamúil ann azuy an leasú aize
na bun Cnoc cuir Caopac y cuir ba
y Coníní Cun bið. Cuir an fear aopta
an truar az macnam y az Cuineam
azuy air ðeiread tiar ðinneadar Suas
a n-aizneið Cun túbairt féin oileán.
Ceannuiðear bád breáz láðair punac ðo h-óct-
air fear ac ná raib sí ró crom air fad.
Cuireadar zac níð i bfearray zo maic
y fé ceann mí ðo bí truar mac
ðomnaill Uí Mainín 'na z-cómnaiðe air
an mblascaod mór. bíod-air isceac y amac
zac aon lá a bíoð Cuin az túbaire
leo zac níð a bíoð aiz iorúbainc ðóib.
ní raib a lán moille ann Sa naom zo
Raib bráca beaz tize y cúpla séompa
Cuipea suay aca. tuzadar fé n ð-talam
annson Cuipeadar Smut prácai y píosa
ðo's zac Saizeas i ndraiz a céile y ní ró
faða zo Raib copica an t-saoíair aca.

160

An tOileán Gan Bád

Seán Ó Criomhthain
Blascaod Mór, Dún Chaoin,
Daingean Uí Chúise, Co. Chiarraí
(ar chlé AoM. MNiCh 31/10/34. *Ar dheis* 2135/'34)
(Stamptha ar chlé: Fríothadh sa Roinn Oideachais 31 Oct.
1934)

INSA tseanaimsir, nuair a bhí an Blascaod gan oiread is aon ainmhí beo á shiúl, bhí triúr driothár ina gcónaí i nDún Chaoin go raibh suas le féar bó de thalamh acu. Bhí dhá bhó bhainne acu, dorn caorach is beagán gabhar. Lá áirithe dúirt an t-athair leo dá mbeadh an óige aige féin ná beadh an t-oileán breá san istigh ag imeacht bán gan oiread is duine beo á shiúl, ná 'fiú amháin an t-ainmhí, agus, ar sé sin leo, ''an té a chuirfeadh chuige i gceart, agus go mbeadh bád aige agus foireann, do bheadh an saol ar a thoil féin aige ann. Tá talamh deas réidh cothromúil ann agus an leasú aigena bhun, cnoc chun caorach is chun ba, is coiníní chun bídh.''

Chuir an fear aosta an triúr ag machnamh is ag cuimhneamh, agus ar deireadh thiar, dheineadar suas a n-aigní chun tabhairt fén oileán. Cheannaíodar bád breá láidir 'riúnach do hochtar fear, ach ná raibh sí róthrom ar fad. Chuireadar gach ní i bhfearas go maith, is fé cheann mí, do bhí triúr mac Dhónaill Uí Mhainín ina gcónaí ar an mBlascaod Mór.

Bhíodar isteach is amach gach aon lá a bhíodh ciúin, ag tabhairt leo gach ní a bhíodh ag oiriúint dóibh. Ní raibh a lán moille ann san am go raibh bráca beag tí is cúpla seomra curtha suas acu. Thugadar fén dtalamh ansan. Chuireadar smut prátaí is píosa des gach saghas i ndiaidh a chéile, is ní rófhada go raibh toradh an tsaothair acu.

Is beag seachtain ná tugadais turus ar an
áit go dtí dún caoin is curaidis an saol trí
na chéile acopia féinid. Ní mór é mo mheas
tóir orraib ar sé sin léa. Cá'n taobh son
ar siad son. Tá airseigean mar ní háit
aic gan bean agus ní beid aon lá don rai
orraib no go mbeid bean aige's gac aon
duine agib. Cuir an caint ag machnaim airist
iad agus dubaradar féin len chéile go raib
an ceart aige ubhtha. Tánadar abaile
is cuadar a mbun a n-gnótha fear aca
soir is fear siar daib féin is gac n-duine
aca aig cur cun cinn. Ceann dosna
laeteanta, ac go h-áirrigthe dubairt an
fear ba sine ac go raib rud éigin lé rá
aige féin is dá bfaidis sin aon bonn fé
go raib sé féin toilteannac glan leis.
Is docha nác aon sport uide go bfuill
taigne air pé sgeal é appsa fear aca
is mar a bead sgaoil cugain toppad do
machnaib a buicaill ar sé sin. Tá
airseigean dá mbead bean agamsa anois
bead sí aifiúil go mait do tuuar agaín
is ní bead air duine agaín a beiri i b-
feil an tige ó madan go h-oidce an
son i g-ceann tamail uile fear uile
agaín a tubairt mná uile leis is
an fear uile bean uile nuar ba
mait leis féin é. Tá do machnam ana
mait ar fad appsa an beirt má
peitean leat é cur i n-gniom, ac is
ana deacair ar fad bean air bean
a sportint is a bfuil aon gagla ort
i dtaob na mná gan trí cinn aca bac.

Is beag seachtain ná tugaidís turas ar a n-athair go Dún Chaoin, is chuiridís an saol trína chéile eatarthu féinig.

"Ní mór é mo mheas fós oraibh," ar sé sin leo.

"Cad ina thaobh san?" ar siadsan.

"Tá," ar seisean, "mar ní háit áit gan bean, agus ní bheidh aon lá den rath oraibh nó go mbeidh bean aiges gach aon duine agaibh."

Chuir an chaint ag machnamh aríst iad agus dúradar féin lena chéile go raibh an ceart aige, is dócha. Thánadar abhaile is chuadar i mbun a ngnótha, fear acu soir is fear siar dóibh féin, is gach nduine acu ag cur chun cinn. Ceann des na laethanta, ach go háirithe, dúirt an fear ba shine ach go raibh rud éigin le rá aige féin, is dá bhfaighidís sin aon bhonn fé, go raibh sé féin toilteanach glan leis.

"Is dócha nach aon drochní go bhfuil d'aigne air, pé scéal é," arsa fear acu, "is mara b'ea, scaoil chugainn toradh do mhachnaimh, a bhuachaill," ar sé sin.

"Tá," ar seisean, "dá mbeadh bean agamsa anois, bheadh sí áisiúil go maith do thriúr againn, is ní bheadh ar dhuine againn a bheith i bhfeighil an tí ó mhaidean go hoíche. Ansan i gceann tamaill eile, fear eile againn ag tabhairt mná eile leis, is an fear eile bean eile nuair ba mhaith leis féin é."

"Tá do mhachnamh an-mhaith ar fad," arsa an bheirt, "má ritheann leat é a chur i ngníomh, ach is an-dheacair ar fad bean ar bhean a shroistint, is an bhfuil aon eagla ort i dtaobh na mná, gan trí cinn acu a bhac?"

3

Níl aon eagla orm airseisean mar ar chuala-
idír riam gur fonn a dhinneam fiach. Mair
go leór orra an tríomhad fear má bíonn
an lá amáireac breág beid sé air do
thriall agat. Sin mar bí air maidin
amáireac bí mo thriúar speiceár cuir
fairrige iad tagacaigte go dún Caoin
cum cómairle a n-acair a tógaint y
cuir treó a cuir orra. Cad a tug amac
mar sib a galta arra an t-acair leo
no baon aimínte lé díol aca agaib.
Am bara arra an mac óg sé labair
air d-tuys go bfuill fear againne y go
bfuill fuadar ná feadar cuige y mar
a bfuill aon mácaill sa ceann air ná
fuill sí air aoine i d-tig na n-gealt. A
múire arra an t-acair an baon níde
acá braice agat air nó an baon níde
dírig díob no má tá aon níde bun ar
cionn ná ceil orm é. Ní ceilfead a acair
ná ort mar nác cuige sin acá an
truas so tiúbarta againn ac cum gac aon
nid riam a innsint duit. Mar tá sé
róirte riam gur galar gan náire grá no
tort ac gur buaid an tócas orra aguy
sin mar acá aige d urac grionna fá é.
Dinnead maenam do réir go mbarra
do tul y bean a slócar do féin i
g-cómair na blíadna y go mó críocnú
a cuirfeac sí orra ná rarb orra. nuair
a bead an blíadain críce bean uile a
tiúbairt go dtí na speiceár y nuair a
bead an aimsair suas airir ceann uile
a slócar dom féin aca.

"Níl aon eagla orm," ar seisean, "mar ar chualaís riamh gur fonn a dheineann fiach?"

"Maith go leor," arsa an tríú fear. "Má bhíonn an lá amáireach breá, beidh sé ar do thriail agat."

Sin mar a bhí. Ar maidin amáireach, bhí mo thriúr driothár chun farraige, iad tagaithe chun Dún Chaoin chun comhairle a n-athar a thógaint is chun treo a chur orthu.

"Cad a thug amach inniu sibh, a dhalta?" arsa an t-athair leo. "Nó ab aon ainmhí le díol atá agaibh?"
"Ambasa," arsa an mac óg – sé a labhair ar dtúis – "go bhfuil fear againne, is go bhfuil fuadar ná feadar chuige, is mara bhfuil aon mháchail sa cheann air, ná fuil sí ar éinne i dtigh na ngealt."

"A Mhuire," arsa an t-athair, "anb aon ní atá braite agat air, nó anb aon ní d'éirigh daoibh, nó má tá aon ní bun os cionn, ná ceil orm é."

"Ní cheilfead, a athair, ná ort, mar nach chuige sin atá an turas so tabhartha againn, ach chun gach aon rud riamh a insint duit. Mar tá sé ráite riamh gur galar gan náire grá nó tart, ach gur bhuaigh an tochas orthu, agus sin mar atá aiged' mhac críonna-sa é. Deineadh machnamh dó aréir go mb'fhearra dó dul is bean a sholáthar dó féin i gcomhair na bliana, is go mó críochnú a chuirfeadh sí orthu ná a raibh orthu. Nuair a bheadh an bhliain caite, bean eile a thabhairt go dtína dhriotháir, is nuair a bheadh an aimsir suas aríst, ceann eile a sholáthar dom féin acu.

4

Sin é mo sgéal-sa agat a atair is túbair do
tuairim lé. Ambaṡa a Clann ó airseiṡean
ṁar ṁór é mo ṁeaṡ oraib go dtí anois
ṁar ná feaca fear zan bean riaṁ aċ
féin ṁar béad apiaċ gan sruir ḋá ċaiṫ-
aṁ air ḋruim na ṁara agus sin ṁar
bíonn aiges na fir ná faigeann na ṁná.
Béadsa ṁar sin am apiaċ gan sruir
go ceann tamaill arsa an fear óg.
Ni beir ṁar ní ṁór duit-se taois fós
ṁar níl t cóglas cruinn go fóil. Séad ṁar
sin féin arsa an capna ṁaċ ḋá mbéad
bean age duine againn an gróig seo ḃfeidir
nap b-ole an arraċt í. Is fíor son arsa
an tatair agus sé rud is fearr doiḃ a
ḋéanaṁ ná cri a cur ar an ḃfear
is sinne agaib ar d-cuis. Táim sásta
arsa an fear óg aċ cá bfaigfar an bean
sin í an ceist. Tá mná có fluirseaċ lé
cuileanna báine sa tsaol so arsa an
tatair agus ní fada a tóifaid sé uam-sa
bean a slóṫar do aċ a mbearfaid soluis
an lae amáireaċ orm. Ar maidin amáireaċ
fuair an tatair é féin ollaṁ tug aṡaid
ó ṫeas air praoisse fionn-grás is stad ná
sraonna níor ḋinn sé no gor ċuaid air
leac i tinntáin i dtig Muimnup Seaġda i
g Cill-Riċ. Cuiread na Céaca fáilte roiṁ
ní nár ḃionġnad ṁar is maiṫ a bíoḋ ios aige
muimnir a tige cad a tug é, ṁar bí an
taom son don mbliaḋain ann sé an
taom é ná an inid an t-aom go mbíonn
an fear anoir is an duine aniar a
slóṫar mná do duine éigin uile.

Sin é mo scéalsa agat, a athair, is tabhair do thuairim fé.''

''Ambasa, a chlann ó,'' ar seisean, ''nár mhór é mo mheas oraibh go dtí anois, mar ná feaca fear gan bean riamh ach féin mar a bheadh árthach gan stiúir á caitheamh ar dhroim na mara, agus sin mar bhíonn aiges na fir ná faigheann na mná.''

''Beadsa mar sin, i m'árthach gan stiúir go ceann tamaill,'' arsa an fear óg.

''Ní bheir, mar ní mór duitse d'aois fós, mar níl d'eolas cruinn go fóill.''

''Sea, mar sin féin,'' arsa an tarna mac, ''dá mbeadh bean aige duine againn an tróig seo, b'fhéidir nárbh olc an iarracht í.''

''Is fíor san,'' arsa an t-athair, ''agus sé rud is fearr daoibh a dhéanamh ná críoch a chur ar an bhfear is sine agaibh ar dtúis.''

''Táim sásta,'' arsa an fear óg, ''ach cá bhfaighfear an bhean? Sin í an cheist.''

''Tá mná chomh flúirseach le cuileanna báite sa tsaol so,'' arsa an t-athair, ''agus ní fada a thógfaidh sé uamsa bean a sholáthar dó, ach a mbéarfaidh solas an lae amáirigh orm.''

Ar maidin amáireach, fuair an t-athair é féin ullamh, thug aghaidh ó dheas ar pharóiste Fionntrá, is stad ná staonadh níor dhein sé nó gur chuaigh ar leac an tinteáin i dtigh Mhuintir Shé i gCill'Rith. Cuireadh na céadta fáilte roimis, ní nárbh ionadh, mar is maith a bhí a fhios aige muintir an tí cad a thug é, mar bhí an t-am san den mbliain ann. Sé an t-am é ná an Inid, an t-am go mbíonn an fear anoir is an duine aniar ag soláthar mná do dhuine éigin eile.

Cuireadh gach aon treóir air mhádair lé beadh y
deoch y gan trácht air Sgéalta y air ceistceanna
ac ní ró fada air fad gur scaoil Domhnall
an cat as an mála y gur innis fáic a
truagh cad a tug é y cumhas mar bí a
truair mac a déanamh san oileán ná
raibh aon teacht annuas air a raibh do caoire
y do gabhair aca ann sé no seacht do
ba bainne y mór cuid éireann beitheis
prátaí y coirce y ná feadair aoine cad
a beadh aca tá mbeadh aon bhuipe bean
aca ann. bí clos tráct takay aige fear
a tuge teas roimhrin y ní raibh uaig ac
an caoi cun láin a beit aige i muinntir
mhainín an oileáin. Cuireadh ceyt air ceann
dos na cailíní an mbeadh aon fonn uirte
tubairt fén oileán má bí gur anoy an
raom aici. Ní raibh uaite ac gaoi an focail
y dubhairt sí go raijeadh sí sa t-seanc
mar y mait a bí ios aici go leanfad an
beyrt uile í srid san a beyrt dreifear.
Cás Domhnall abaile ruairisc Guinn aige
y ní breysfác sé ub fé na copa bí sé
có h-éadarom son. Fuaireadh gach uí keidh
ollam y cúpla lá on lá son bí mac
críona domhnaill uí mhainín y neighean
críona seain uí séadha pósca in-dangan
uí cúise. Bí pósa air feas leachtmaine
gria i g-ciláipi ac nuair a bí an
t-seachtmain suas tugadar u n-aigid fén
oileán. bíodar ag déanamh go h-iongantach
ias rít leo go hana mait. ac nuair a
bí an bliadain suas bárr lé bean
cill áipí go mbeadh uile na ceannt féin
(ar).

Cuireadh gach aon treoir air maidir le bia is deoch, is gan trácht ar scéalta is ar cheisteanna, ach ní rófhada ar fad gur scaoil Dónall an cat as an mála, is gur inis fáth a thurais, cad a thug é, is conas mar a bhí a thriúr mac ag déanamh san Oileán: ná raibh aon teacht anuas ar a raibh de chaoirigh is de ghabhair acu ann, sé nó seacht de bha bainne, is mórchuid Éireann beithígh, prátaí is coirce, is ná feadair éinne cad a bheadh acu dá mbeadh aon bhlúire 'bhean acu ann. Bhí clos trácht tharais aige fear an tí theas roime sin, is ní raibh uaidh ach an chaoi chun láimh a bheith aige i muintir Mhainín an Oileáin. Cuireadh ceist air cheann des na cailíní an mbeadh aon fhonn uirthi tabhairt fén Oileán, má bhí, gur anois an t-am aici. Ní raibh uaithi ach gaoth an fhocail, is dúirt sí go raghadh sí sa tseans, mar is maith a bhí a fhios aici go leanfadh an bheirt eile í, siadsan, a beirt driféar.

Chas Dónall abhaile, tuairisc cruinn aige, is ní bhrisfeadh sé ubh féna chosa, bhí sé chomh héadrom san. Fuaireadh gach ní réidh ullamh, is cúpla lá ón lá san, bhí mac críonna Dhónaill Uí Mhainín is 'níon chríonna Sheáin Uí Shé pósta i nDaingean Uí Chúise. Bhí pósadh ar feadh seachtaine orthu i gCill a'Rith ach nuair a bhí an tseachtain suas, thugadar a n-aghaidh fén Oileán. Bhíodar ag déanamh go hiontach is ag rith leo go han-mhaith. Ach nuair a bhí an bhliain suas, b'fhearr le bean Chill a'Rith go mbeadh [bean] eile ina teannta féin ann.

Dúbairt sí lé na fear ná raib aon rud a bárr
lé déanam ná rud ó ṫeaċ ý a ṡpeicfiuir a
ṫúbairt ineaṡ cun a ṡpeaċar. maiṫ go leor
arseisean má bíonn se sájca. Cúpla lá
na dey sin dúbairt sé ley a nḋpeicáir
go raib bean uile ṫeaṡ ansud ý go ciocfaḋ
sí isceaċ go capaiḋ dá raiġeaḋ sé da h·iapais
ar ṁanamȷa féin arseiṡean má tá fonn
uirċe ná fuil sé. Ceart i cosc. Air níoċ
na maidne bí mo ṫuuar imiċe leo cun
Dún Caoin ý an bean pósca i neinḟeaċ
leo ṫujadar a naiġiḋ arr Cill a kiċ ý an
rud a bí ċaċa fuaiȷeadar é go capaiḋ
bí an beyrt ṡpeicḟear aij an inbeyrt
ṡpeaċar anoiȷ. ṫaġaḋ an ṁuinnċir ṫeaṡ isceaċ
go munic Cuȷidir Caoike ýȷabaiṫ isceaċ
ý iuȷadaiȷ amaċ Cun maraȷaiḋ iad.
ṫoġaḋ ṫȷ nuġaḋ do Sean ó mainin ċamall
ṫakey pósca do. bí dá ṫij anoiȷ aca
ḋineaḋ ṫȷi Cuda doȷȷa Caoire ý don
ȷcoc uile có maiṫ. bí a ċuid féin ḟé ṁiine
aijeȷ ȷaċ fear aca. Ceann doȷna laeṫeana
Dúbairt an ȷpeaċaiȷ Criona lé Seamuȷ
bé sin an fear óȷ aȷ a ṫóȷainċ do
féin, ý bean a Slócaȷ có maiṫ lé fear
náċ. Cuinn leaċ cad a dúbarṫ leaċ dá
bliaḋain ó Soin arseisean ý Cuinn go
maiṫ aȷȷa Seamuȷ aċ ní maiṫ liom aȷ ȷan
bean air d-ṫuiȷ. má baċ Son aȷȷa
uȷȷuȷ ṫoȷaimȷ an ṫij ý buḋ an bean
Cuȷaċ. níl aon ȷeabaḋ mór aȷm arseyȷean
ná fuil mná aȷ nḋóṫain anoiȷ aȷam
buaḋaċuȷ lé Dia. ṁilim aȷ aon aȷṫeaḋ leaċ
Sa méiḋ Son aċ maȷ a maiṫ leaċ ý ná
baċ leiȷ.

Dúirt sí lena fear ná raibh aon rud ab fhearr le
déanamh ná dul ó dheas is a dreifiúr a thabhairt aneas
chun a dhriothár.

"Maith go leor," ar seisean, "má bhíonn sé sásta."

Cúpla lá ina dhéidh sin, dúirt sé leis an ndriotháir go
raibh bean eile theas ansúd is go dtiocfadh sí isteach go
tapaidh dá raghadh sé á hiarraidh.

"Ar mh'anamsa féin," ar seisean, "má tá fonn uirthi,
ná fuil sé ceart í a chosc."

Ar mhoch na maidine, bhí mo thriúr imithe leo chun
Dún Chaoin, is an bhean phósta in éineacht leo.
Thugadar a n-aghaidh ar Chill a'Rith is an rud a bhí
uathu, fuaireadar é go tapaidh. Bhí an bheirt dreiféar ag
an mbeirt driothár anois. Thagadh an mhuintir theas
isteach go minic. Chuiridís caoirigh is gabhair isteach,
is thugaidís amach chun margaidh iad. Tógadh tigh nua
do Sheán Ó Mainín tamall tar éis pósta dó. Bhí dhá
thigh anois acu. Deineadh trí coda des na caoirigh is
den stoc eile chomh maith. Bhí a chuid féin fé aithne
aiges gach fear acu. Ceann des na laethanta, dúirt an
driotháir críonna le Séamas, b'é sin an fear óg, tigh a
thógaint dó féin is bean a sholáthar chomh maith le
fear.

"Nach cuimhin leat cad a dúrt leat dhá bhliain ó
shin?" ar seisean.

"Is cuimhin go maith," arsa Séamas, "ach ní maith
liom tigh gan bean ar dtúis."

"Ná bac san," arsa Muiris. "Tógaimis an tigh is beidh
an bhean chugat."

"Níl aon deabhadh mór orm," ar seisean. "Ná fuil
mná ár ndóthain anois againn?"

"Baochas le Dia, nílim ar aon aigne leat sa mhéid sin,
ach mara maith leat é, ná bac leis."

fanfam tamall uile mar atá againn aprés
Séamus ag dul a bhfeabhas a béió an saol.
Ar maidin amáireac cuip mo triúar sproic-
áir a g-comhairle i dteanca céile agus sé
rud gor beartuigheadar air ná dul ag
baint feamnaige ruióe cun leana leasuig-
te. Tá an lá púnac go mait cuige aprés
Séamus cé go bhfuil saigheas s'iotakam coippe
ann. Ní béió aon coppac air leas tráta
ann aprés Muiris. Fuaireadar gac aon nióth
Kéió cuipeadh an bád air snámh is ar leo
i bhfeidil a g-cuid oibre. Bainneadar lán an
báió don bhfeamnaig go capaió is tugadar
isteac á d-tráig-geakkaióe i buaileadh í
snionna sa ghrean agus biúd leo dá
follabú. Cuipeadh amac na maidí air an
céad nióth is annson tugadh faon bhfeamnaig
bí beirt aca ag cappac na feamnaige
suas is an fear uile dá cuir i mbeirt
óib. Bíodar mar sin ar feag tamall
mait is ní mór ná go raibh an bád follam
ac amháin cúpla beirt nó trí. Pé uatamáil
a bí orca do bóg an bád a ghrein as a
ngrean i g-an íos óib is do sleamnaig
lé breág socair amac tamaillín. Tánaig
feótan uile gaoite do geal an fairrige
is séió sé grean na tráta anáirde sá
n-aeir. Do leag sé an beirt go raibh na
beirt orca is cuip se speakabalf orca
na raibh fios aca cá rabadar ar feag deit
néóiminte. Nuair atógadar a g-ceann
sfeadeador i dtreo an báid ac mo lean
bí an bád fadh kócair meapóige amac
uata. A Muire tá sé imice gan inaise
gan slac aprés Muiris.

"Fanfam tamall eile mar atá againn," arsa Séamas, "ag dul i bhfeabhas a bheidh an saol."

Ar maidin amáireach, chuir mo thriúr driothár a gcomhairle i dteannta a chéile, agus sé rud gur bheartaíodar air ná dul ag baint feamnaí buí chun seanleasaithe.

"Tá an lá oiriúnach go maith chuige," arsa Séamas, "cé go bhfuil saghas slotharam tarraic ann."

"Ní bheidh aon tarrac ar lag trá ann," arsa Muiris.

Fuaireadar gach aon ní réidh. Cuireadh an bád ar snámh, is as leo i bhfeighil a gcuid oibre. Bhaineadar lán an bháid den bhfeamnaigh go tapaidh, is thugadar isteach i dTráigh Ghearraí í. Buaileadh a sniomna sa ghrean agus b'shiúd leo á folmhú. Cuireadh amach na maidí ar an chéad ní is ansan tugadh fén bhfeamnaigh. Bhí beirt acu ag tarrac na feamnaí suas, is an fear eile á cur i mbirt dóibh. Bhíodar mar sin ar feadh tamaill mhaith, is ní mór ná go raibh an bád folamh, ach amháin cúpla beart nó trí. Pé útamáil a bhí orthu, do bhog an bád a greim as an ngrean i gan fhios dóibh, is do shleamhnaigh léi breá socair amach tamaillín. Tháinig feothan millte gaoithe, do gheal an fharraige, is shéid sé grean na trá in airde san aer. Do leag sé an bheirt go raibh na birt orthu is chuir sé spearabals orthu ná raibh a fhios acu cá rabhadar ar feadh deich neoimintí. Nuair a thógadar a gceann, d'fhéachadar i dtreo an bháid, ach mo léan, bhí an bád faid ruchair méaróige amach uathu.

"A Mhuire, tá sé imithe gan mhaide gan slat," arsa Muiris.

Tánag feócan uile a bí níos measa ná an
céad ceann ⁊ ceann aṛ ceann ⁊ ag dul
in-olcas a bí sé. D'imiġ an bád roimis an
sgríb siar ó ḋeas. Do lean an beiṛc uile
aimsiṛ trasna an oileáin í ⁊ na maidí
aca, aċ ní raiḃ aon t-seanc aṛ an
mbád a ċeṛ i naon ġreacc doiḃ. Culleadaṛ
a g-ceall ag sgreadaiġ ⁊ ag liúṛaiġ agus do
ċualadaṛ Séamus a bí sa bád ag caoineaḋ
go fada bog binn. D'imiġ an bád léi ó
ḋeas cuiṛ báṛ an Daingin ġala ġeal
ġaoiċe a ḋ-tuaiḋ aici ⁊ faṛṛuige dá réiṛ.
Ċuir an oiḋċe ⁊ ba ḋúḃac an oiḋċe
aige muinncir an oileáin í an taon iúmpaṛ
amáin a bí aca imiċ uaca gan trácc
toṛais an mbuacaill breáġ calama a bí aṛ
iṛṛais uaca. Bí an oiḋċe go donna aṛ feoṛ
tamaill. D'airckiġ an ġaoc soir ó ḋeas timceall
a trí a cloġ sa na h-oiḋċe agus aṛ maidin
lé linn an lae a beiṫ ag ġeala connacadaṛ
an bád aṛ an ḋ-tráiġ báin a beal ḃicai
⁊ a ċonn anáiṛde. Riceadaṛ siaṛ ⁊ iump-
uiġeadaṛ anáiṛde í agus Seaḋ bí ná mo
Séamus bóc istiġ ⁊ ġṛeim an ḋuine báiṫe
aṛ an ḋ-cócca aige ⁊ gan anam na anál
ann. Tugadaṛ leó abaile é ċuad beiṛc aca
amac go dún caoin a ġiall aṛ a cóṛais.
nuaiṛ a ċualaḋ a aċaiṛ é. Sé rud a ḋúḃaiṛc
sé. ⁊ fíṛ soṛ a ḃuacaiġ ⁊ maiṫ ⁊ cuinn liom
an lá a ḋubaiṛṫ go mbeaḋfá féin i t-apṛaċ
gan s-triáḃaiṛ leis. Tánag muinciṛ ná h-áice
amuiṫ ṛeaċ an oiḋċe sin ⁊ cuiṛead Séamus na
teampall dúċaṛ amáṛeac i ndún caoin. ní bíonn
ġuiṛ dreaċaṛ i naon bád ó soin annṛa oileán.

•

Tháinig feothan eile a bhí níos measa ná an chéad cheann, is ceann ar cheann, is ag dul in olcas a bhí sé. D'imigh an bád roimis an scríb siar ó dheas. Do lean an bheirt eile aniar trasna an oileáin í is na maidí acu, ach ní raibh aon tseans ar an mbád a chur in aon ghiorracht dóibh. Chailleadar a gciall ag screadaigh is ag liúirigh, agus do chualadar Séamas a bhí sa bhád ag caoineadh go fada bog binn. D'imigh an bád léi ó dheas chun Báigh an Daingin, gála geal gaoithe aduaidh aici, is farraige dá réir.

Thit an oíche, is ba dhubhach an oíche aige muintir an oileáin í, an t-aon iompar amháin a bhí acu imithe uathu, gan trácht tharais an mbuachaill breá calma a bhí ar iarraidh uathu. Bhí an oíche go dona ar feadh tamaill. D'aistrigh an ghaoth soir ó dheas timpeall a trí a chlog san oíche, agus ar maidin, le linn an lae a bheith ag gealadh, chonacadar an bád ar an dTráigh Bháin, a béal chúichi is a tón in airde.

Ritheadar siar, d'iompaíodar in airde í, agus sea bhí ná mo Shéamas bocht istigh is greim an duine bháite ar an dtochta aige, is gan anam ná anál ann. Thugadar leo abhaile é. Chuaigh beirt acu amach go Dún Chaoin ag triall ar a thórramh. Nuair a chualaigh a athair é, sé rud a dúirt sé: "Is fíor san, a bhuachaill. Is maith is cuimhin liom an lá a dúraís go mbeifeá féin i d'árthach gan stiúir leis."

Tháinig muintir na háite amuigh isteach an oíche sin, is cuireadh Séamas ina theampall dúchais amáireach i nDún Chaoin. Ní bhíonn triúr driothár in aon bhád ó shin insa Oileán.

Beirt beó is Beirt Mharb.   Aonach 29/4/34.

Seán Ó Criomhtain
Blascaod Mór
Dún Chaoin.

An fada ó shean aimsir nuair a bí na
daoine fluirseach annsa n-oileán-so. Nuair a
tagadh an geimhreadh orca ní bíodh faire aca
le deanamh ach amháin seana leasú. Sé
sin feamanach buidhe a chur air pé áit go
mbeadh práta dá chur aca annsa n-Earrach.
bíodh san réidh go luath roimh Nódlaig aca. As
san amach bíodh leac díomhaonteas aca, ac ní
fonn díomhaonteas a bíodh orra ac a mhalairt.
Nuair a bíodh oidhche Nódlag agus lá Nódlaig tart
bíodh gach aon chriú báid a dul le chéile. Sé
fuadar a bíodh chúca ná có luath agus a tiocfadh
lá breágh ná a g-cúl a thúbairt le caola an
Bhlascaoid is a n-aghaidh air na h-oileáin beaga.
Cun coiníní a mharbú an fuadar so. Má
bheadh an lá breágh bheadh an bád tíos go
tapaidh h-ochtar fear innti madra no dá
mhadra mhaic aige's gach fear rann mhaith
ceangthan aige's gach fear agus leac do císte
buidhe a bheadh beirithe air gríideal cloiche
le cúpla lá roimhisin. Ní té ná im, ná subh
ná uibhe cearc a bíodh aca, air ucht-madan
ac uirreabal do ghabhar buidhe no maircréil,
cúpla práta a bíodh na loitóid sé sin é
beir beirithe féin d-tinneadh ó aréir roimhisin
agus muga do bhainne ghiur ó inné no ó am
éigin uile. Sin é an bíadh a bíodh caithte siar
aca ag tágaint an tighe dóibh air bhíocóire
na maidne agus lá cruaidh oibre a thúbairt
ag troid air coiníní go mbeadh an ghrian
dulta síos fá bhfairrge tráthnóna teacht
fé dhéin an báid annson agus ualadh
trom coiníní air gach n-duine aca.

176

Beirt Bheo is Beirt Mharbh

Seán Ó Criomhthain
Blascaod Mór, Dún Chaoin
(cliathánach: Aom, MNiCh 29-11-34*)*

INSA tseanaimsir nuair a bhí na daoine flúirseach insan oileán so, nuair a thagadh an geimhreadh orthu ní bhíodh faic acu le déanamh ach amháin seanleasú, sé sin feamnach bhuí a chur ar pé áit go mbeadh práta á chur acu insan earrach. Bhíodh san réidh go luath roimh Nollaig acu. As san amach bhíodh leath-dhíomhainteas acu, ach ní fonn díomhaointis a bhíodh orthu ach a mhalairt. Nuair a bhíodh Oíche Nollag agus Lá Nollag thart, bhíodh gach aon chriú báid ag dul le chéile. Sé fuadar a bhíodh chúchu ná chomh luath agus a thiocfadh lá breá ná a gcúl a thabhairt le caladh an Bhlascaoid is a n-aghaidh ar na hoileáin bheaga. Chun coiníní a mharú an fuadar so. Má bheadh an lá breá bheadh an bád thíos go tapaidh, hochtar fear inti, madra nó dhá mhadra mhaithe aiges gach fear, rann mhaith cheártan aiges gach fear agus léac de chíste bhuí a bheadh beirithe ar ghreideal cloiche le cúpla lá roime sin. Ní té ná im ná subh ná uibhe cearc a bhíodh acu ar adhmhaidean ach eireaball de ghabhar bhuí nó mair-créil, cúpla práta a bhíodh ina luathóig, sé sin, é bheith beirithe fén dtine ó aréir roime sin, agus muga de bhainne géar ó inné nó ó am éigin eile. Sin é an bia a bhíodh caite siar acu ag fágaint an tí dhóibh ar mhochóirí na maidne agus lá cruaidh oibre a thabhairt ag taighdeadh ar choiníní go mbeadh an ghrian dulta síos sa bhfarraige tráthnóna, teacht fé dhéin an bháid ansan agus ualach trom coiníní ar gach nduine acu.

Níor bé sin an t-ualac neam tairabeac. Bí
feóil ⁊ airgead aca. Bí ceirce sgeilinge déag
air daosan croiceann an uair úgad agus bí
a g-cuid feóla có mait dóib ⁊ atá an mairtfeóil
anois. Níorbó aon iongana fonn cuin fiaiz a
beit orca an fa naom son mar ná bíod na
croicain anfa míanaċ ceart aċ amáin ó
Nodlaig go dtí lá lé Pádraig. Dá bríġe sin ní
mór na láetceanna breáġta a teiġead na h-oil-
eánaiġ tarsa gan freascal air a bfearaistí
fiaiz. Aon tiz go mbead beirt maita fear ann
agus slize i mbád fiaiz aca, nuair a tiocfad
lá lé Pádraig do bead luac ceirce fiċeid
púnt do croiceam coinníní lé díol aige n
mbeirt sin. Sin é an uair a bí an t-ór
féin a-talain féin mar dúbairt an fear.
Aċ ní zac bliadain a tagad na láetceanna
breáġta sa zeimread agus dá bríże bíod
na fiazaiġte ana cleirce. ⁊ minic a
imtiz bád air maidin agus a tuigad sí an
lá ag intiú air taob an oileáin air feaz
trí uaire a cluiz ⁊ go g-caffad sí abaile
féin mar imtiz sí. Bíod na droċ zeimreiże ag
Deanam ana cotaiże dóib. Do cuireadar
seift uile air bun agus bí seift í ná dul siar
indeyread an t-sampaid go h-innis na bró ⁊ saizeas
botáin a tóġaint innti a cosnóc air spéir na
hoíce iad. Do dinneadar son agus ba mait
a dinneadar é. Ceirce báid a bí san oileán
an uair úgad agus oċtar fear i bfail zaċ
cinn aca. Bin breis ⁊ deiċ feara fiċead cuin
fiaiz. Ní raib slí anfa púicín don méid sin fear
lé céile agus sé seift gur tánadar air ná
uamuiżeact a túbairt dó céile. Sé sin cruú
báid zaċ seaċtmain a dul siar.

Níorbh é sin an t-ualach neamhthairbheach. Bhí feoil is airgead acu. Bhí ceithre scillinge déag ar dhosaon croiceann an uair úd agus bhí a gcuid feola chomh maith dóibh is atá an mhairteoil anois.

Níorbh aon ionadh fonn chun fiaigh a bheith orthu insan am san mar ná bíodh na croicinn insa mhianach cheart ach amháin ó Nollaig go dtí Lá 'le Pádraig. Dá bhrí sin ní mór na laethanna breátha a ligeadh na hoileánaigh thársu gan freastal ar a bhfearaistí fiaigh. Aon tigh go mbeadh beirt mhaithe fear ann agus slí i mbád fiaigh acu, nuair a thiocfadh Lá 'le Pádraig, do bheadh luach cheithre fichid punt de chroiceann coiníní le díol aige an mbeirt sin. Sin é an uair a bhí an t-ór fén dtalamh féin mar dúirt an fear. Ach ní gach bliain a thagadh na laethanna breátha sa gheimhreadh agus dá bhrí sin bhíodh na fiagaithe an-chlipthe. Is minic a d'imigh bád ar maidin agus thugadh sí an lá ag inliú ar thaobh an oileáin ar feadh trí uaire an chloig is go gcasfadh sí abhaile féin mar imigh sí. Bhíodh na drochgheimhrí ag déanamh an-chiotaí dhóibh. Do chuireadar seift eile ar bun agus b'í seift í ná dul siar i ndeireadh an tsamhraidh go hInis na Bró is saghas botháin a thógaint inti a chosnódh ar spéir na hoíche iad. Do dheineadar san agus ba mhaith a dheineadar é. Cheithre báid a bhí san oileán an uair úd agus ochtar fear i bhfeighil gach cinn acu. B'in breis agus deich feara fichead chun fiaigh. Ní raibh slí insa phúicín don méid sin fear le chéile agus sé seift gur thánadar air ná uanaíocht a thabhairt dá chéile, sé sin, criú báid gach seachtain a dhul siar.

nuair a tagad aimsair fiaiz tagad loċz na
mbád le céile feácainz cé n céad bád a ragaò
ċun zosaiz mar sí sin an bád is mó zo mbeaò
seanc aici azus an bád is saoiráide zo ḋ-
cíocfaò an fraċ uiríle mar an z-aom son
don nubħaòain bíonn na coinníní i braoill
papáiḋz a bíonn séannza aca i riż an z-sa-
mraò azus ní beaò azac aċ do láiṁ a saò siar
azus coinnín a zarráċ aniar azus zo minic
dá ceann is uaireannza crí cinn. dá bri sin
bíod an iomsíomam ar draom na mbád feácainz
cé cruí zo mbeaò zosac aca. ní le bárr
nurz ná le na bfeas ḋ-feáraib a zuzaò aon
draom aca zosac leó bí seirz uile aca
plean breáz réiz macánza ná bíoò aon ní
le rá aize daoinne na coinnz sé an plean
é sin ná seanc a s-crainn féin mar dub-
airz an fear fada. zagad an fuireann zo léir
isceaċ in aon uz amáin i dreannza céile
cuirí doine amáin amaċ as an ḋ-uz 7
caicfeaò sé dul zamall ón ḋuz no zo mbeaò
na meireannza uimmiċ azus nuair a ḃeaò
son seanza zlaoċ air. ceirie báiḋ a bí
ann ceapzéan air zaċ bád. annson zagad
fear azus iuzaò sé méar ḋos zaċ ċaprean
méar na h-órdóize azaz-sa a ṫomáis an
méar mór azaz-sa a séáin méar na
lúidíne azaz-sa a séamuis azus an
lúidín féin azaz-sa a ṁuiris. zagad an
fear amuiċ isceaċ nuair a zlaoiṫṫeas air
seo duiz anois a buáċail báin is cuir
na báid le céile ní ṫíoò cead cainnze aize
aon duinne aċ amáin aize's na maoir a
bí air na báid. zagad mo duinne azus seo
mar zeiread sé.

Nuair a thagadh aimsir fiaigh thagadh lucht na mbád le chéile féachaint cén chéad bhád a raghadh chun tosaigh mar sí sin an bád is mó go mbeadh seans aici agus an bád is saoráidí go dtiocfadh an fiach uirthi, mar an t-am san den mbliain bíonn na coiníní i bpoill rapaí a bhíonn déanta acu i rith an tsamhraidh agus ní bheadh agat ach do lámh a shá siar agus coinín a tharrac aniar go minic dhá cheann is uaireanta trí cinn. Dá bhrí sin, bhíodh an-imníomh ar dhream na mbád féachaint cé críú go mbeadh tosach acu. Ní le barr nirt ná lena bhfeabhas d'fhearaibh a thugadh aon dream acu tosach leo; bhí seift eile acu, plean breá réidh macánta ná bíodh aon ní le rá ag éinne ina choinne; sé an plean é sin ná seans a gcrainn féin mar dúirt an fear fadó.

Thagadh an fhoireann go léir isteach in aon tigh amháin i dteannta a chéile. Cuirtí éinne amháin amach as an dtigh agus chaithfeadh sé dul tamall ón dtigh nó go mbeadh na méireanta ainmithe, agus nuair a bheadh san déanta glaodh air. Ceithre báid a bhí ann, captaen ar gach bád. Ansan thagadh fear agus thugadh sé méar dos gach captaen: "Méar na hordóige agatsa, a Thomáis; an mhéar mhór agatsa, a Sheáin; méar na lúidíne agatsa, a Shéamais, agus an lúidín féin agatsa, a Mhuiris."

Thagadh an fear amuigh isteach nuair a glaoití air. "Seo dhuit anois, a bhuachaill bháin, is cuir na báid le chéile." Ní bhíodh cead cainte aige aon duine ach amháin aiges na maoir a bhí ar na báid. Thagadh mo dhuine agus seo mar a deireadh sé:

181

an lúidín chun tosaig 'r meas na h-órdóige
na druig méar na lúidíne na haice 'r an
méar mór air deiread go léir. bliadain uile
béidir gor bí an méar mór a bead chun
tosaig nó mear éigin ac ní bíod an lúidín
chun tosaig gac bliadam mar ná bead son
ceapc mar an fear go mbead an lúidín
aige 'r beag an baogal a bead air nagor
bé bead chun tosaig ac ní mar son a
bíod go minic ac go feallcac. bíod fiar an
domain air muinncir an cead báid ac 'r
minic nár bíad a bfearr a cugad seilig leo.
má bíonn an aimsir fuar no fliuc fanfaid
ne coiníní sa cruigeir móra agus ní go
maic 'r féidir leis an madra féin a mbiad
dfagail. ac má bíonn aimsir breag gréine
ann ní mór ná go mbearfa féin orca
bíonn siad 'rcac 'r amac co fluirseac
son. sin mar bíod agen cead bád leis pé de
no maic a bead an cseaccmain caicfead
an bád go mbíod beapcuigte uirce sul
urm. ní bíod aon leigc orca mar má
leigfaidis capsa a seaccmain ceapaigte
caicfead son amac air fad rad mar bíod
dá cruas agus go minic crí cruis aca
draig uir n-diag. ní bíod na fraguigte diomain
air feas na seaccmaine obair cruad 'rcad
a beic ag coigead air coiníní ó madain
go hoidce agus gan aon dincar ac greim
go léigc buide air mocoire na maidne
ní hé gac fear a dinnead é agus da brige
sin ní bíod fa báid ac cogad 7 ramad
na bfear, fir a dacad go dci a cuig
deag 'r dacad. na fir go dugan siad
na fearaib fasca orca.

"An lúidín chun tosaigh, is méar na hordóige ina diaidh, méar na lúidíne ina haice is an mhéar mhór ar deireadh go léir." Bliain eile b'fhéidir gurb í an mhéar mhór a bheadh chun tosaigh, nó méar éigin, ach ní bhíodh an lúidín chun tosaigh gach bliain mar ná beadh san ceart; mar an fear go mbeadh an lúidín aige is beag an baol a bheadh air ná gurb é bheadh chun tosaigh; ach ní mar sin a bhíodh go minic ach go fealltach. Bhíodh áthas an domhain ar mhuintir an chéad bháid, ach is minic nárbh iad ab fhearr a thugadh seilg leo. Má bhíonn an aimsir fuar nó fliuch fanfaidh na coiníní sa chnuigéir mhóra agus ní go maith is féidir leis an madra féin a mboladh dh'fháil. Ach má bhíonn aimsir bhreá ghréine ann ní mór ná go mbéarfá féin orthu, bíonn siad isteach is amach chomh flúirseach san. Sin mar bhíodh aige an chéad bhád leis. Pé olc nó maith a bheadh an tseachtain, chaithfeadh an bád go mbíodh beartaithe uirthi dul ann. Ní bhíodh aon leisce orthu mar ná ligfidís thársu a seachtain ceapaithe. Chaithfeadh san amach ar fad iad mar bhíodh dhá thuras agus go minic trí turais acu diaidh ar ndiaidh. Ní bhíodh na fiagaithe díomhaoin ar feadh na seachtaine; obair chruaidh is ea bheith ag taighdeadh ar choiníní ó mhaidean go hoíche agus gan aon dinnéar ach greim de chíste bhuí ar mochóirí na maidne. Ní hé gach fear a dheineadh é agus dá bhrí sin ní bhíodh sna báid ach togha agus rogha na bhfear, fir a daichead go dtí a cúig déag is daichead, na fir go dtugann siad na fearaibh fásta orthu.

5

Má bíoð Cριú báiɖ féin lé Céile ξαċ Seaċtmain
ιʃ ná casaɖ aon niɖe ṫrasna orṫa a ċuirfeaɖ
bun aʃ cionn leiʃ an bfiaċ iaɖ. ni bíoð ʃé
mar ʃin aige'ʃ ξαċ báɖ. iʃ minic go mbeaɖ
ɖuine breoite uige fear báiɖ no uige fear
ṫιξ ba ċeirte ɖom a rá. ɖo piarruiξe an
t-ʃeilξ leiʃ ʃin nuair a ṫioċfaɖ an báɖ abaile
uċ ɖá mbeaɖ beirc no criuar go mbeaɖ ɖacaɖ
ɖon ṫóρc ʃuʃ orṫa ʃé puɖ a ɖeanfaiɖe
ná beirc ɖon ξ-criú a cur ʃiar ʃa boċán
braɖ ιʃ besiaɖ a ṫúbairc leo 7 freaċ
annʃon go ceann ʃeaċtmaine no go pasaɖ
an báɖ ξá n-iarrais. Sin mar bí uige an
mbeirc go bfuill mo ʃgeal aξ taξairc ɖóit
bí páiʃɖiɖe óξa uižen ξ-capraen ιʃ aige
ċuiɖ ɖon ξ-criú aguʃ bíoɖar breoice uʃuʃ
béižeanc ɖórc ṫúbairc ʃuaʃ aʃ an bfiaċ ɖá
ɖeaʃcaiɖ ʃin. ɖúbairc an beirc ʃeo ná poiɖ
aon ριoc ɖo ċuram na h-oibρe ʃin orṫa
ɖá mbeiɖιʃ féin ċiar ʃa ρuicin go ceann
ʃeaċtmaine go mbeaɖ rómρc Cominini
marb aca. Ní raiɖ on ξ-cuiɖ uile aċ aniaiʃ
ξaoċ an 'ɖeail iʃ faξail uaċa. Cuireaɖ
ʃioʃ báɖ cuireaɖ maɖaρaiɖe ιʃ ξαċ fearoξ
ṫιξ ċuċa ιʃ cuireaɖ ʃiar 'an ρuicin
iaɖ ιʃ faξaɖ annʃon iaɖ ιʃ ċan aξ an
báɖ abaile go ceann ʃeaċtmaine.
bíoɖar aξ fiaċ leo go Cριaɖ ċuiʃ
ʃaoṫar móρ a ɖeanaim mar bí orṫa
h-oct point u ɖeanaim ṫaρéiʃ ċiaċ
aniar ɖát. Ní raiɖ aċ aon lá amaiʃ
ṫιξ ɖéanca aca nuair u ċuaiɖ an
υιmριaρ ċuir, ɖonnaʃ ξaoċ ιʃ baiʃceaċ
u ρaobuɖ na robaiʃ aʃ an t-culaiʃ.

Má bhíodh criú báid féin le chéile gach seachtain is ná tagadh aon ní trasna orthu a chuirfeadh bun os cionn leis an bhfiach iad, ní bhíodh sé mar sin aiges gach bád. Is minic go mbeadh duine breoite ag fear báid nó ag fear fiaigh ba chirte dom a rá. Do riartaí an tseilg leis sin nuair a thiocfadh an bád abhaile, ach dá mbeadh beirt nó triúr go mbeadh ócáid den tsórt san orthu, sé rud a dhéanfaí ná beirt den gcriú a chur siar sa bhothán, bia is beatha a thabhairt leo agus fanacht ansan go ceann seachtaine nó go raghadh an bád á niarraidh. Sin mar a bhí aige an mbeirt go bhfuil mo scéal ag tagairt dóibh. Bhí páistí óga aige an gcaptaen is aige cuid den gcriú agus bhíodar breoite agus b'éigeant dóibh tabhairt suas as an bhfiach dá dheascaibh sin. Dúirt an bheirt seo ná raibh aon phioc de chúram na hoibre sin orthu dá mbeidís féin thiar sa phúicín go ceann seachtaine go mbeadh roinnt choiníní marbh acu. Ní raibh ón gcuid eile ach amháin gaoth an fhocail d'fháil uathu. Cuireadh síos bád, cuireadh madraí is gach fearas fiaigh chucu agus cuireadh siar 'on phúicín iad is fágadh ansan iad is tháinig an bád abhaile go ceann seachtaine. Bhíodar ag fiach leo go cruaidh chun saothair mhóir a dhéanamh mar bhí orthu hocht roinnt a dhéanamh tar éis teacht aniar dóibh. Ní raibh ach aon lá amháin fiaigh déanta acu nuair a chuaigh an aimsir chun donais, gaoth is báisteach ag réabadh na rabhán as an dtalamh.

6

Ní raib aon ġ-uzla ġ-réa úc ʒo baɣfaiɣe an
ḟuicín ġ-réa ý ʒo baiḟaḋ an fuaċċ iad.
ní ḃíoḋ aon ċ-ṡoluy aca aċ amáin an
méid a ċaʒaḋ aʒ an ḋ-ṫeineaḋ ⁊ ní mór
aṛ fad é ṡin mar ý robáṁ an ċ-aḋḃaṛ
ṫinneaḋ a ḃíoḋ aca. ḃíodar féin az cuṛ
ý az cuiṫeaṁ aṛ feaʒ na h-oiḋċe lé
céile no ʒo raiḃ ṡé ana ʒeaṛaiḋ ḋon lá
ní ṫuiṫfaiḋ aon néal coḋalṫa anoċṫ
oṛṛainn aḋreiṛ ʒeaṛaiḋ aṛṡa ṡeán lé
ṡéamuy. cuiṫfaiḋ aṛṛa ṡéamuy maṛ ṫá an
oiḋċe ṫrim anoiṛ. raʒaḋ amaċ aċ connuy
maṛ ṫá ṡí a féacaṁṫ aṛṛa ṡeán ṫreiṛ
i baiṡṫ aṛṛa ṡéamuy ní feaṛṛ ḋuiṫ ṛud
a ḋéanfaiṛ. cuiṛ ṡeán ʒo amaċ ʒo
meaṛ aʒuy má cuiṛ ḋféaċ ṡé ṡíoṛ
ṡíoṛ ḟé ḃeiṛiʒ na cloiċe aċ má ḋféaċ
ní fada ná ʒuṛ ḃṛeinċiʒ a ṡúile ḃeiṛṫ
ḋfeaṛaiḋ ġuaṛda láiḋre az imṫaċṫ ċapaiṛ
aʒuy iad az sceallaḋ béaṛla uaṫa. riṫ ṡé
ýṫeaċ ʒo ḋṫí ṡéamuy aʒuy ḋáṫ iúailín
a ʒuṛim aiṛ. ó a ṁuiṛe ṁáṫaiṛ na ḃ-
ḟláiṫuy aṛṡeiṡean ṫá béiṛṫ maṛaḃ lasmuiṛ
ḃí ṡé aiṛ cṛiṫ aʒuy a fiacla az cnaʒa
lé fuaċṫ an dá ṡúil a ṫul amaċ ayṛ
a ċeann lé ṡ-ʒ-annṛaḋ. ḋm baiṡṫe ṁóṛ
naċ maṛ ṁaʒaḋ ċuiʒe aċán ṫu a
ḃuaċaill ḃáin aṛṛa ṡéamuy leiy aʒuy
má lonam oṛṫ naċ fada uaiṫ an
báy aʒuy maṛ a ʒ-cuiṫfaiṛ aý ʒo ceann
ʒo capaiḋ iad ʒo mḃeiḋ ṁacail ʒo ḋeo
oṛṫ acu. ní ċuiṫfeaḋ iý mo ċeann ʒo
ḃṛáċ iad aṛṛa ṡeán maṛ connaċ
ʒo ṡoiléiṛ iad peca beó no maṛḃ
                                    ⁊rl.

Ní raibh aon eagla orthu ach go leagfaí an púicín orthu is go leathfadh an fuacht iad. Ní bhíodh aon tsolas acu ach amháin an méid a thagadh as an dtine agus ní mór ar fad é sin, mar is rabháin an t-abhar tine a bhíodh acu. Bhíodar féin ag cur is ag cúiteamh ar feadh na hoíche le chéile nó go raibh sé an-ghairid don lá.

"Ní thitfidh aon néal codlata anocht orainn d'réir dealraimh," arsa Seán le Séamas. "Titfidh," arsa Séamas, "mar tá an oíche tirim anois."

"Raghad amach fhéach conas mar tá sí ag féachaint," arsa Seán.

"Tréir i'baist," arsa Séamas, "ní fearr dhuit rud a dhéanfair."

Chuir Seán de amach go mear, agus má chuir d'fhéach sé soir siar fé leirg na cloiche, ach má d'fhéach, ní fada ná gur bhreithnigh a shúile beirt d'fhearaibh cruadha láidre ag imeacht tharais agus iad ag stealladh Bhéarla uathu. Rith sé isteach go dtí Séamas agus dath mháilín an ghoirm air.

"Ó, a Mhuire Mháthair na bhFlaitheas," ar seisean, "tá beirt mharbh lasmuigh." Bhí sé ar crith agus a fhiacla ag cnagadh le fuacht, an dá shúil ag dul amach as a cheann le scanradh.

"Ambaiste mhóir nach mar mhagadh chuige atánn tú, a bhuachaill bháin," arsa Séamas leis, "agus má leanann ort nach fada uait an bás, agus mara gcaithfir as do cheann go tapaidh iad go mbeidh máchail go deo ort acu."

"Ní chaithfead as mo cheann go brách iad," arsa Seán, "mar chonac go soiléir iad, pé 'cu beo nó marbh dóibh."

7

An g-Creidfeadh tu arsa Seamus. Creid orra
Seán agus tóg 'mocal leis go bhfuil an fhírinne
agam dá innsint duit. Leanam ort inionfeac
liomsa mar sin arís arsa Seamus agus má táid
siad beó no marb castar orrain iad. Ragad gan
teip orra Seán mar sé an t-amaras is mó
atá agamsa ná go bheit beó iad. Ní féidir le
h-aon duine beó a bheit anuso anoct mar
tá an oidce ró ládair cun aon báid beaga
mar sin a bheit air an bhfairrge fé bun
mar an cuir an gála don áragac idtir
arís Creidfainn go mbead son is-ceist go
tapaid. beo leo féin g-cloic as lorg na beirce
a bí marb dar leo. Ní mór an cuardac a
bí déanta aca nuar a connacadar uaia
an beirc. Asgra lae a bí ann sa naom
so agus ní raib puinn uagnay air an mbeirc
beó a malairt ar fad a bí orca. Eagla go tór
éigin a bí teacairce cun a n-díobála a déanam
nuair a connaic an beirc marb an beirc
beó as go brát leó féin a teicead le h-eagla
Rompa. Ar mianam apsa Seán gor brisc airim
go daoine beó iad mar gor aimrigear-sa go
mait air an mbéarla blasta a bí dá labairt
aca arís go Rabadar beó. Ná bac leo
anoys arsa Seamus leig doib féin go ngealtais
an lá niuy fearr. Eagla aca orta son Romair
ne agus is dá máxnéalac iad son gor bad
an cartac orta arís. Cuadar un puicín
airís go ceann tamaill big agus nuar a
tánay soluy an lae go breag buailteadar
amac. Ní fada on puicín a bíodar nuair
a conncead ar tamall uaia iad. Leig Seán
fead laice orta agus cuir Seamus a cupín
anairde mar cóirtcathe Corrad air.

"An gcreidfead tú?" arsa Séamas.

"Creid," arsa Seán, "agus tóg m'fhocal leis go bhfuil an fhírinne agam á insint dhuit."

"Téanam ort in éineacht liomsa mar sin aríst," arsa Séamas, "agus má táid siad beo nó marbh, casfar orainn iad."

"Raghad gan teip," arsa Seán, "mar sé an t-amhras is mó atá agamsa ná go bheirt beo iad. Ní féidir le haon duine beo a bheith anso anocht mar tá an oíche róláidir chun aon bháid bheaga mar sin a bheith ar an bhfarraige fé bhun marar chuir an gála aon áthrach i dtír aréir. Chreidfinn go mbeadh san i gceist go tapaidh."

B'sheo leo fén gcloich ag lorg na beirte a bhí marbh dar leo. Ní mór an cuardach a bhí déanta acu nuair a chonacadar uathu an bheirt. Eascaradh lae a bhí ann san am so agus ní raibh puinn uaignis ar an mbeirt bheo; a mhalairt ar fad a bhí orthu. Eagla go tóir éigin a bhí tagaithe chun a ndíobhála a dhéanamh. Nuair a chonaic an bheirt mharbh an bheirt bheo, as go brách leo féin ag teicheadh le heagla rompu.

"Ar mh'anam," arsa Seán, "gur b'fhuirist aithint go daoine beo iad mar gur aithníos-sa go maith ar an mBéarla blasta a bhí á labhairt acu aréir go rabhadar beo."

"Ná bac leo anois," arsa Séamas, "lig dóibh féin go ngealfaidh an lá níos fearr. Eagla atá orthu san romhainne agus is dhá mhairnéalach iad san gur bádh an t-árthach orthu aréir."

Chuadar 'on phúicín arís go ceann tamaill bhig agus nuair a tháinig solas an lae go breá bhuaileadar amach. Ní fada ón bpúicín a bhíodar nuair a chonacadar tamall uathu iad. Lig Seán fead glaice orthu agus chuir Séamas a chaipín in airde mar chomharthaí caradais.

8

Cas an beirt macab orca agus cuireadar a
lámha amáipoe ac ní góchaidíp in aon zioppact
zoib. Smeid Séamus apsc opca cuip teac cuize
ac sin a paib da maic do ann. Ní haon maic
duic a beic map sin leo appa Sean, ac ceanaim
opc sall cuca. beo leo fé dein na beypce, níor
cappaig an beirc uaca dfannadap map a raib
uca nó gop cuaid an beirc beo ayp an acaip
zo kuvadap. Labaip Séamus leo zo réid socaip, ac
má labaip ní bfuaip sé aon freagra uaca ac
amáin Croma ap zol. ná bídíz az zol map
sin appa Sean, ac Cruaidíz suas sib féin 7
innsiz dúinn cé hé sib féin nó cad aca oppaib.
Tánaiz musneac beaz dóib annson agus dúbakadar
zop maigmealaiz rad féin. ná h-innis a tuillead
appa Séamus ac ceanaim i'n n-enfeact linne zo
dtí an púicín acá annso ciar, az innsint dóib
Cunnas map bíodar féin sa cloic leip az fiac
coinnim té sa lá Romisco agus zo mbead bad
az teact az Cruall opca dé Seadapam a
tiubarfad soip zo dtí an blayeadmóir
rad map zop bann a bí na daoine na z-coin-
náide. Tánaiz ana musneac annson zon
dá maigmealac bocta agus tánadar i n-enfeact
leo isteac an púicín. bí arán búide agus
coiníni beipice aigen mbeirc i rit na h-oidce
Romisen map sin e an znác biad a bíod az-es
na fragarie nuaip a bídíp ciap sa cloic i rit
na seactmaine. ba ró mór ba cuma leip
na maigméalaiz cad é map sóipc bíd e án
nuaip is zo bfuaireadar féin aon ruaicne
té n-eiciead do. nuaip a bí an biad caicte
aco sin e nuaip a d'innseadar a szeal
agus cunnas map bí aca.

Chas an bheirt mharbh orthu agus chuireadar a lámha
in airde, ach ní thiocfaidís in aon ghiorracht dóibh.
Sméid Séamas aríst orthu chun [teacht i] leath chuige,
ach sin a raibh dá mhaith dó ann.

"Ní haon mhaith duit a bheith mar sin leo," arsa
Seán, "ach téanam ort sall chucu." B'sheo leo fé dhéin
na beirte; níor chorraigh an bheirt uathu; d'fhanadar
mar a raibh acu nó gur chuaigh an bheirt bheo ar an
láthair go rabhadar. Labhair Séamas leo go réidh socair,
ach má labhair ní bhfuair sé aon fhreagra uathu ach
amháin cromadh ar ghol.

"Ná bígíg ag gol mar sin," arsa Seán, "ach cruaigíg
suas sibh féin agus insíg dúinn cé hé sibh féin nó cad
atá oraibh."

Tháinig misneach beag dóibh ansan agus dúradar gur
mairnéalaigh iad féin.

"Ná hinis a thuilleadh," arsa Séamas, "ach téanam in
éineacht linne go dtí an púicín atá anso thiar," ag
insint dóibh conas mar bhíodar féin sa chloich leis ag
fiach coiníní le dhá lá roime seo agus go mbeadh bád
ag teacht ag triall orthu Dé Sathairn a thabharfadh soir
go dtí an Blascaod Mór iad, mar gurb ann a bhí na
daoine ina gcónaí. Tháinig an-mhisneach ansan don dá
mhairnéalach bhochta agus thánadar in éineacht leo
isteach 'on phúicín. Bhí arán buí agus coiníní beirithe
aige an mbeirt i rith na hoíche roime sin, mar sin é an
gnáthbhia a bhíodh aiges na fiagaithe nuair a bhídís
thiar sa chloich i rith na seachtaine. Ba rómhór ba
chuma leis na mairnéalaigh cad é mar shórt bídh é ón
uair is go bhfuaireadar féin aon ruainne le n-ithe dhe.
Nuair a bhí an bia caite acu, sin é nuair a dh'inseadar a
scéal agus conas mar bhí acu.

9

Táimid ar bórd luinge le fiche bliadhan i Seirbhís
Sasana Cruacan agus amyó o Cuirimair Cos ar
bórd na loinge. na céad bliaḋanca a cuirmayr
dínn na bliaḋanca is buize a tánaiz ḋirainn
ó Soin. fiche bliaḋain an ciarma a tógamair 7
nuair a beaḋ un meid sin bliaḋanca cuirta
amaċ again bead ar mbun Cíos tairrice
agam ón tsairrize agus bead ar Riagalcay
Sasana ḋeic Szellinge zeala ayrizó a inbaire
ḋuinn, ar son amaċ. té anoys le tamall annsay
nuayr a bíonn Éireannaċ ar bórd luinge agus
é az ḋuiḋeam bey na bliaḋanca Éireannaċa
Cuirtear índ Éigin ar unneall cum ḋeireaḋ
a cur ley cum na ficead bey a ceayma
a cur isteaċ ná an bun Cíos ā carrac ón
Riagalcar. Sin mar a bí againne ley áreir
sa naony ba iméaya zo raib sinn ann Ceur
un Curtean amaċ bád agus Ceur hócear
fear isteaċ innci agus beyr againne na ḋeamr
ca ḋubayrc Sé íeo beyr againne a cur
amaċ ar lie móyr ayrd aca ar an ḋraoḋ
tiead ḋon oiléain So agus Sin a ḋfágamc
ann. Ceap Sé Sin ná raib aon ceaċcar
Son againn agus ceapamair féin ley G.
Cuiread ann Sin zan cur agus fázaḋ annsin
cum ḋeiread a cur un a beaḋ an plan
Son mar bí ceayma ná faickize inbaica
againn agus an Bun Cíos Buailte un anoys.
nar inzaḋ Ḋia na muire aon cabayr ar
an bfear a sin a téicéiḋ ḋo cleas ayr aon
Cruoscaíse arsa Seán. té ní haon maic a
Beiċ az cainnt an oys zo ḋtí uayr ézin ule
béiḋ bád az ceaċt amyó az Criall ḋrainne
1ż cleann cupla laé ule agus cuirfaiḋ Saoiar
ézin a biċ ḋiénca againn Roimre.

192

"Táimid ar bord loinge le fiche blian i seirbhís Shasana; cruatan agus anró ó chuireamair cos ar bord na loinge. Na chéad bhlianta a chuireamair dínn na blianta is boige a tháinig orainn ó shin. Fiche bliain an Tiarna a thógamair agus nuair a bheadh an méid sin blianta curtha amach againn bheadh ár mbunchíos tair-rice againn ón bhfarraige agus bheadh ar rialtas Shasana deich scillinge geala airgid a thabhairt dúinn gach seachtain as san amach. Ach anois le tamall anuas nuair a bhíonn Éireannach ar bord loinge agus é ag druideam leis na blianta deireanacha cuirtear rud éigin ar tinneall chun deireadh a chur leis chun ná rithfeadh leis a théarma a chur isteach ná an bunchíos a tharrac ón rialtas. Sin mar a bhí againne leis aréir. San am ba mheasa go raibh síon ann chuir an captaen amach bád agus chuir hochtar fear isteach inti, agus beirt againne ina dteannta. Dúirt sé leo beirt againne a chur amach ar lic mhór ard atá ar an dtaobh thuaidh den oileán so agus sinn a dh'fhágaint ann. Cheap sé sin ná raibh aon teacht as againn agus cheapamair féin leis é. Cuireadh ann sinn gan teip agus fágadh ann sinn. Chun deireadh a chur linn ab ea an plean san mar bhí téarma na far-raige tabhartha againn agus an bunchíos buailte linn anois."

"Nár thuga Dia ná Muire aon chabhair ar an bhfear a dhein a leithéid de chleas ar aon Chríostaí," arsa Seán, "ach ní haon mhaith a bheith ag caint anois go dtí uair éigin eile. Beidh bád ag teacht anso ag triall orainne i gceann cúpla lae eile agus caithfidh saothar éigin a bheith déanta againn roimpi."

dúbairt an mairnéalach go raibh an ceart aige
agus go mbeadh beirt aca féin mar chabhair ÿ
mar lán cúghnaimh aca cun fiach air so amach.
thugadar an lá amáireach ÿ lá ar na mháireach
agus an lá ar na mhacanar ag fiach agus ag toidhe
agus nuair a tánaig an bád sé Saicacain
ba mór an sgamall a raibh go coimíní aca.
Nuair a chonnaic muinntir an báid an
ceathrachar fear sa chloich baic leo é. ac
tuisc go raibh cosach na seachtmaine gapaib
látair ní chuireadar puinn suime ann mar
ba mhinic rómhisín mairnéalach báitte agus
riacách reacálta agus na h-oileáin beaga
so ar cósta na mblasgadh. tánadar amach
go dtí an t-oileán mór agus fuaireadar
gach corp agus corcan ann agus air
mháirín amáireach cuireadh amach go
dtín Chaoimín iad agus thugadar a naigíd
siar ó dheas cun corcaighe mar do bhí
dóit. Sin mar bhí aige daoine an sa
t-sean aimsir cruatan beatha ┐
cruatan saoghail ┐ aindse go bhfóire Dia
orrainn.

                        Seán Ó Criomhtain

Dúirt an mairnéalach go raibh an ceart aige agus go mbeadh beirt acu féin mar chabhair is mar lánchúnamh acu chun fiaigh as so amach. Thugadar an lá amáireach is lá arna mháireach agus lá arna mhanathar ag fiach agus ag taighdeadh agus nuair a tháinig an bád Dé Sathairn, ba mhór an scamall a raibh de choiníní acu. Nuair a chonaic muintir an bháid an ceathrar fear sa chloich, b'ait leo é, ach toisc go raibh tosach na seach-taine garbh láidir ní chuireadar puinn suime ann mar ba mhinic roime sin mairnéalach báite agus áthrach raiceálta aiges na hoiléain bheaga so ar chósta na mBlascaod. Thánadar aniar go dtí an tOileán Mór agus fuaireadar gach cóir agus cothrom ann agus ar maidin amáireach cuireadh amach go Dún Chaoin iad agus thugadar a n-aghaidh soir ó dheas chun Corcaí mar dob as dóibh. Sin mar bhí ag daoine insa tseanaimsir – cruatan beatha agus cruatan saoil agus ainnise, go bhfóire Dia orainn!

Seán Ó Criomhthain

Captaén an Bróid Béirl.

Seáin ó Guóimcáin
an blascaod mór
Daingean
Co. Ciarraíghe

Sa t-sean aimsir nuair a bí na báid móra go fluirseach timceall na h-uíre, ní tagad aon lá bréag air an bfairrige ná go mbeidís ag iarrcac gac sórt éisg lé líonnta nó lé dairíg, ac ní bíod aon cuineam aca air iascac na h-oíðce ná aon cur amac aca air, I dar go deimin ní barra dóib an domán é. Bíod aon rúnac aca cun gac sórt éisg. Nuair a bíod na maicréil ag rácuigeacc í saiðne a bíod aca bád mór agus occar fear innti agus bád beag agus gan innti ac ceacarar cun teacc timceall air an baiscé rácuig-carrac cun a céile. Is minic go mbíod oiread éisg sa t-saiðne í nár bféidir leis an dá aguis é tubairc abaile leo í gor. béigean dóib é scaoile leis an muir agus. Má bead ceall fir air an g-Capctaen gluodfad do. Annson nuair na bíod an t-iars ag rácuigeac ná aon t-súil leis bíod fearras uile aca I sé fearras é sin ná daírú agus dubán I baoite cun éisg gairib do mharbú leis. Bíod an daírú iad uile go barra cnáibe ceangailte do í dá dubán I dá lorna ceangailte do son I geallaimse duit nác air uacial a bíod an fearras son aca.

Captaen an Drochbhirt

Seán Ó Criomhthain
An Blascaod Mór,
Daingean, Co. Chiarraí

SA tseanaimsir nuair a bhí na báid mhóra go flúirseach timpeall na háite, ní thagadh aon lá breá ar an bhfarraige ná go mbeidís ag iascach gach sórt éisc le líonta nó le doraithe, ach ní bhíodh aon chuimhneamh acu ar iascach na hoíche ná aon chur amach acu air, agus dar go deimhin ní bhfearra dóibh an domhan é. Bhíodh am 'riúnach acu chun gach sórt éisc. Nuair a bhíodh na maircréil ag ráthaíocht is saighne a bhíodh acu – bád mór agus ochtar fear inti agus bád beag agus gan inti ach ceathrar chun teacht timpeall ar an bpaiste ráthaíocht le ceann den saighne agus ansin tarrac chun a chéile. Is minic go mbíodh oiread éisc sa tsaighne is nárbh fhéidir leis an dá áras é thabhairt abhaile leo is gurb éigeant dóibh é scaoileadh leis an muir aríst. Má bheadh ceal fir ar an gcaptaen ghlaofadh sé ar gharsún agus thabharfadh leathchion fir dó. Ansin nuair ná bíodh an t-iasc ag ráthaíocht ná aon tsúil leis bhíodh fearas eile acu, agus is é fearas é sin ná dorú agus dubhán agus baoite chun éisc ghairbh do mharú leis. Bhíodh an dorú daichead feá ar fad, é déanta de chadás; trí feá eile de bharra cnáibe ceangailte de, agus dhá dhubhán agus dhá losna ceangailte de sin agus geallaimse dhuit nach ar dtuathal a bhíodh an fearas sin acu.

197

ní léigfead an Cuptaein aon nífear isteac na
bád ná béad an fearas ceart son aige 7 go
beit go mait aige. Dartú an ainim a leannan
an fearas go léir 7 is minnic a bí dá dartú
aige's gac fear le h-eagla so g-caillfead sé
ceann aca no go raigfead sé ngreim 7 go
mbrisfead sé é. Bíod cuid don s-gríú anna
donzantac ar na duirire is minnic go bfearr
fear ná h-ottar mar nuair a bíonn an
tiars gaprab ag breit air na duirire bíonn
siad tamall aníos ó toinn an faoill agus
mar a mbéad an dronta ceart agat ní mór
aca a béad ag dul air do dubán. Sé an
ainim a tugaidís air an dreó ceart ná an
dronta sé sin an airire sin fead ó toinn
ruill tri fead uaireannta nó béidir aon nífead
amáin, ac nuair a béad aon breac amáin
marb béad fios aige's gac duinne cad é an
dronta a bí aige an bfear a mairib é mar
léis a beit aca 7 sé baoite é ná iassán mór
a bíonn air natrágana air bas trága 7 caitfead
cuid do gríú an báid dul agus lá fada direac
a tiubairt dá mbaint 7 dul tamall mait ó
baile leis béidir 7 a ceotair no cúig do leat pacaí
aca a tiubairt leo, annson tiubairt te bainne
géss a bíod deic no a dó déag do úiltir ó
baile uata. Is minic a bíod gorsúin ná bíod
aon duinne leo ag dul ag lassac air an g-calad
air maidin agus gac aon fearas aca cum
iad a leigeant sa báid cum an géss gaiprib
a mairbiú 7 é tiubairt abaile go dtí na
muinntir mar annlan bíd.

Ní leigfeadh an captaen aon fhear isteach ina bhád ná beadh an fearas ceart san aige agus é bheith go maith aige. Dorú an ainm a leanann an fearas go léir agus is minic a bhí dhá dhorú aiges gach fear le heagla go gcaillfeadh sé ceann acu nó go raghadh sé i ngreim agus go mbriseadh sé é. Bhíodh cuid den gcriú an-iontach ar na doraithe. Is minic go b'fhearr fear ná hochtar mar nuair a bhíonn an t-iasc garbh ag breith ar na doraithe bíonn siad tamall aníos ó thóin an phoill agus mara mbeadh an drónta ceart agat ní mór acu a bheadh ag dul ar do dhubhán. Sé an ainm a thugaidís ar an dtreo cheart ná an drónta, sé sin an áirithe sin feá ó thóin poill, trí feá uaireanta, nó b'fhéidir aon fheá amháin; ach nuair a bheadh aon bhreac amháin marbh bheadh a fhios aiges gach duine cad é an drónta a bhí ag an bhfear a mhairbh é mar bheadh sé tomhaiste aige sin.

Chaithfeadh baoite leis a bheith acu agus is é baoite é ná iascán mór a bhíonn ar na tránna ar lag trá agus chaithfeadh cuid de chriú an bháid dul agus lá fada díreach a thabhairt á mbaint agus dul tamall maith ó bhaile leis b'fhéidir agus a ceathair nó a cúig de leathphacaí acu a thabhairt leo agus ansin tabhairt fé bhanc éisc a bhíodh deich nó a dó dhéag de mhílte ó bhaile uathu. Is minic a bhíodh garsúin, ná bíodh aon duine leo ag dul ag iascach, ar an gcaladh ar maidin agus gach aon fhearas acu chun iad a ligeant sa báid chun an éisc ghairbh a mharú agus é a thabhairt abhaile go dtína muintir mar anlann bídh.

ní bíod aon doċall pómpa aige·s na h-iasgairí aċ
is minic ná leigeaḋ an Capꞇaen aiꞃ go bḟeiceaḋ sé
ċuige iad ꞇ nuaiꞃ ná ġ·laoḋfaḋ an Capꞇaen oꞃꞇa
ní bíod aon t-seane aca. Má ġlaoḋfaḋ Capꞇaen
aiꞃ gaꞃsún cum dul an báḋ ag maꞃbú an éisg
ġaiꞃib sé mbeaḋ aige aċ an méid a maꞃbóċ
sé féin aguꞃ sé an ainim a ꞇucꞇaoí aiꞃ ná
Paiꞃnséiꞃ. bíoḋ a ḋaꞃú féin aige aguꞃ a ċuid
baoice féin aguꞃ cópꞒa spaisialca cum gaċ ꞇꞃꞇic
a maꞃbóċ sé a cuꞃ aiꞃ aguꞃ nuaiꞃ a ꞃaigeaḋ
an báḋ aḃáile on mbanne ní ḋnneaḋ sé aċ an
Sꞇꞃopa Ꞓo bualaḋ aiꞃ a ġualain aguꞃ imꞇeaċꞇ
leiꞃ aḃáile sin é an maꞃaga a bíoḋ aige·s na
Paiꞃnséiꞃí maꞃ ná bíoḋ aon painꞇ Ꞓo lais an
báid aca lé faġail aca ná aon Cuineaꞃ uca
aiꞃ aċ oiꞃead. is minic a ċuaiḋ paisinséiꞃ aiꞃ
banne iasgaiġ uꞃuꞃ go ꞃaġaḋ sé aḃáile ꞇꞃáꞔꞃnóna
ġan oiꞃead ꞇ bꞃeac aiꞃ a méiꞃ ꞇ uaiꞃeanꞇa uile
go mbeaḋ oiꞃead lé feaꞃ áiꞇꞇe aige Ꞓo nó ċuid is
ꞃaiḃ báiḋ dún-Caoin go léiꞃ ag ꞇúḃaiꞃc fé bónne
iasgaiġ. gaċ feaꞃaꞃ uca go Seifꞇiꞇe cum éiꞃꞃ
ġaiꞃib Ꞓo ġꞃeamú. bí gaċ duine sa ꞔꞃóisꞇe
ollaiṁ i ġ·córaiꞃ an lae aguꞃ Ꞓaꞃnó mōꞃ
Ꞓin na Paiꞃinséaꞃí ꞃeaꞃiꞃmaḋ ġan dul go dꞇꞃáꞔ
ġ·calaḋ ꞇ má beaḋ aon t-seans i náꞃꞃiꞇ Ꞓóib
é ꞇóꞃaiꞇ go foꞇꞇimaꞃ. bíoḋ cuid aca ana
ꞇꞃapnúbaiꞇ aguꞃ Ꞓinnidiꞃ- Ꞓaꞔꞃuiḋeáꞇꞇ aiꞃ ċuid
Ꞓo·s na Capꞇaenꞇeiꞇ ꞇ bíoḋ uca ꞇ bíoḋ cuid
uile aca ꞇámáiꞇꞇe ꞇ náꞃneaċ ꞇ ċuꞃꞃeaḋ son
Siuꞃ iad maꞃ is minic ná leigeaḋ loèꞇ na mbáḋ
oꞃꞇa go bḟeicꞃeaḋaiꞃ iad.

Ní bhíodh aon doicheall rompu aiges na hiascairí ach is minic ná ligfeadh an captaen air go bhfeicfeadh sé chuige iad agus nuair ná glaofadh an captaen orthu ní bhíodh aon tseans acu. Má ghlaofadh captaen ar ghar-sún chun dul 'on bhád ag marú an éisc ghairbh sé a mbeadh aige ach an méid a mharódh sé féin agus is é an ainm a tugtaí air ná paisinéir. Bhíodh a dhorú féin aige agus a chuid baoite féin agus corda speisialta chun gach bric a mharódh sé a chur air agus nuair a raghadh an bád abhaile ón mbanc ní dheineadh sé ach an stropa do bhualadh ar a ghualainn agus imeacht leis abhaile. Sin é an margadh a bhíodh aiges na paisinéirí mar ná bíodh aon roinnt de iasc an bháid acu le fáil acu ná aon chuimhneamh acu air ach oiread. Is minic a chuaigh paisinéir ar bhanc iascaigh agus go raghadh sé abhaile tráthnóna gan oiread agus breac ar a mhéir agus uaireanta eile go mbeadh oiread le fear áitithe aige dhe nó cuid is mó ná an captaen féin.

Tháinig lá breá go raibh báid Dhún Chaoin go léir ag tabhairt fé bhanc iascaigh, gach fearas acu go seiftithe chun éisc ghairbh do ghreamú. Bhí gach duine sa pharóiste ullamh i gcomhair an lae agus dar ndóigh níor dhein na paisinéirí dearmad gan dul go dtí an gcaladh agus má bheadh aon tseans in áirithe dóibh é thógaint go fonnmhar. Bhíodh cuid acu an-thiarnúil agus dheinidís dánaíocht ar chuid de na captaentaithe agus bhíodh acu agus bhíodh cuid eile acu támáilte agus náireach agus chuireadh sin siar iad mar is minic ná ligfeadh lucht na mbád orthu go bhfeicfidís iad.

bí gapsúin ann an lá so 7 bí gaċ aon bád ag
imṫeaċt 7 gan aon duine ag glaoċ aṁ mar ná
raib gaol ná cúngar aige lé haon duine dos
na h-iargaire 7 bí an fear boċt ana ṫámail-
te ní raib sé aṁ an bfaiṁṁige riaṁ roime sin
7 ċeap gaċ iargaire ní náċ iongana son mar
baon ṁait a beiṫ gá iomċar. Nuair a bí an
bád déanaċ ag imṫeaċt ní raib an captaén
ag glaoċ aṁ ná aon cuimeaṁ aige na ċeann
aṁ glaoċ aṁ go mór mór ná raib sé ag iasgaċ
riaṁ roime seo agus gaṁ mó do díobáil e ná
a ṁaiṫeaṁ. Nuair a bí an bád ollaṁ 7 í cun
fágaint dúbairt fear don 3. Criú fear go raib
gaol aige leiṁ an 3. Captaén go bfearr leiṁ féin
dul abaile ná a ṫúbairt lé pá do ṁúinntir
un gapsúna go ndéanfad sé a leiṫeid do
ḃeart go bráċ aṁ ná go mbead sé i naon bád
a déanfad' un ḃeart gráṁa son. Má lead' arsa
un captaén caiċfair féin poinnt leiṁ mar má
ṫagan sé am bád-sa ní ṁagaid sé abaile
gan iarg mar tá an móide orurpa gan aon
Ruisinséin a leigeant ann bád aċ fear a béid
abálta aṁ iarg a ṁarbú. táim sáṁca glan
é baṁ mo ċuda féin u ḃronna suaṁ aṁ.
Scaoilead' an bád é agus nuair a ṫánaiṁ sé
aṁ bórd sé rud a dúbairt sé ná go s. Cuṁead'
Dia an pai a ṁí aṁ an inbád so 7 aṁ a
ḃfuill innti. As go bráċ leo 7 scad ná 8caona
iarguiṁ 7 có luaṁ agus bí na daṁṁe
i ḃfaiṁṁaṁ aca bí dulla aṁ iarg aca.

Bhí garsún ann an lá seo agus bhí gach aon bhád ag imeacht agus gan aon duine ag glaoch air mar ná raibh gaol ná cóngas aige le haon duine des na hiascairí agus bhí an fear bocht an-thámáilte. Ní raibh sé ar an bhfarraige riamh roime sin agus cheap gach iascaire, ní nach ionadh san, nárb aon mhaith a bheith á iompar. Nuair a bhí an bád déanach ag imeacht ní raibh an captaen ag glaoch air ná aon chuimhneamh aige ina cheann ar ghlaoch air go mór mhór [mar] ná raibh sé ag iascach riamh roime seo agus gur mhó de dhíobháil é ná 'mhaitheas. Nuair a bhí an bád ullamh agus í chun fágaint dúirt fear den gcriú, fear go raibh gaol aige leis an gcaptaen, go b'fhearr leis féin dul abhaile ná a thabhairt le rá do mhuintir an gharsúna go ndéanfadh sé a leithéid de bheart go brách air ná go mbeadh sé in aon bhád a dhéanfadh an bheart ghránna san. "Más ea" arsa an captaen, "caithfir féin roinnt leis mar má thagann sé im' bhád-sa ní raghaidh sé abhaile gan iasc mar tá an mhóide ormsa gan aon phaisinéir a ligeant im' bhád ach fear a bheidh ábalta ar iasc a mharú."

"Táim sásta glan le leath mo choda féin a bhronnadh suas air."

Scaoileadh 'on bhád é agus nuair a tháinig sé ar bord, is é rud a dúirt sé ná "Go gcuire Dia an rath ag rith ar an mbád so agus ar a bhfuil inti." As go brách leo agus stad ná staonadh níor dheineadar nó go rabhadar ar bhanc iascaigh agus chomh luath agus bhí na doraithe i bhfearas acu bhí dalladh ar iasc acu.

nuair a tánaig an tráthnóna tánaig na báid
go léir abaile 7 bí nós aca an uair sin go
mbíod ana foramad aca leis an mbád is mó
go mbead iasg aca. Ní raib aon cuimne aca
go mbead puinn éisg ag'en mbád so ré sgealt
tuisc an tuaca a beir innci ac an bara
féin nuair a sroic an bád go raib sé an
calad go raib oiread agus a leac oiread éisg
aici le h-aon bád uile. Sin é an nuair a bí
an cuimne 7 an dul trí céile 7 an foramad
ann. Mar ná raib a bac oria son an garsún
son a túbairt leo mar bí copac aca air maidin
Lead anois arsa an fear a labair air maidin
leis an g-capcaén ce'n fear is mó go bfuil iasg
aige a dul abaile. Nuair a cuaid an garsún
cun a sgeopa féin a cógaint ar deipead an
báid níor bféidir é boga bí se có trom son
nuair a bí an t-iasg cóipire 7 a cuid féin
aige's ngac duine bí oiread goilice ag'en
garsún mar ní raib aon bainc aige'n g-criú
le h-iasg an paisinséara. Bí ana áias air
an n-garsún, a dul abaile 7 an t-aalac mór
éisg a bí aige air an asal mar bíod apart
rompa ag an g-calad. Cuir an éisg a bjeic
abaile dóib tapey an lae. Tánaig an lá
amáreac is má tánaig níor din mo garsún
deapmad gan reáct cun a calad. Có mait
gan glaoc air ac má lead ní rajad mo
garsún inéinf-eact leo.

Nuair a tháinig an tráthnóna, tháinig na báid go léir abhaile agus bhí nós acu an uair sin go mbíodh an-fhormad acu leis an mbád is mó go mbeadh iasc acu. Ní raibh aon choinne acu go mbeadh poinn éisc aige an mbád so pé scéal é toisc an tuata a bheith inti. Ach ambasa féin nuair a shroich an bád go raibh sé an caladh, go raibh oiread agus a leath oiread éisc aici le haon bhád eile. Sin é an uair a bhí an chaint agus an dul trí chéile agus an formad ann, mar ná raibh a bhac orthusan an garsún san a thabhairt leo mar bhí tosach acu ar maidin.

"Sea anois," arsa fear an bháid a labhair ar maidin leis an gcaptaen, "cén fear is mó go bhfuil iasc aige ag dul abhaile?"

Nuair a chuaigh an garsún chun a stropa féin a thógaint as dheireadh an bháid, níorbh fhéidir é a bhogadh, bhí sé chomh trom sin. Nuair a bhí an t-iasc comhairithe agus a chuid féin aiges ngach duine bhí oiread go leithe ag an ngarsún mar ní raibh aon bhaint aige an gcriú le hiasc an phaisinéara. Bhí an-áthas ar an ngarsún ag dul abhaile agus an t-ualach mór éisc a bhí aige ar an asal mar bhíodh asail rompu ag an gcaladh chun an éisc a bhreith abhaile dóibh tar éis an lae. Tháinig an lá amáireach, is má tháinig níor dhein mo gharsún dearmad gan teacht chun an chaladh chomh maith le fear. Más ea níor imigh an chéad bhád gan glaoch air, ach más ea, ní raghadh mo gharsún in éineacht leo.

6

Níl aon mhaith ionainn a deireadh sé leo mar
gach aon bhád a bíodh ag imteacht glaodh an
Captaen a bíodh uirthe air, ac an seachtmhadh
bád go glaodar air ac dúbhairt sé leo san
go raibh sé annso indé ⁊ ná feacfaidh aon
duine aca é agus ar seisean bíos có mór
indé agus atáim indiu ⁊ ní rachad i neinfeacht
le haon duine agaibh no go dtiúbharfaid mo
dhuine féin an ceirteach dom. Ní raibh a é an
focal ar a bhéal nuair a tánaig a chriú féin
⁊ banna maith leo nar imig sé le coir aoine
⁊ an fear so labhair indé leis labhair sé leis
go carthaid indiu ⁊ d'fiarfaid do ar glaodh aoine
ag iarraidh air ó mhaidean. Dúbhairt sé gur
glaodh ⁊ iad go léir ac ar seisean b'fhearr liom
uisce ná a bhfuil air an g-caladh go léir. ó gan
dabht tá'n tú go maith indiu ac ní raibh aon
mhaith indé annoc. Cuireadh síos an bád ⁊ scad
é iss gach fear agus a dharú féin aige ⁊ féin
mar bíodh an dorú amuich aige fear bíodh
breac istig aige fear uile. bíodís mar sin
air feadh na tóise, ac bíodh beirt sa bhád
ná cuireadh aon dorú amach mór caithfidís
sin na maidí, a choimeád amuich ag imtú
i gcoinne na tóise. tánaig an gráinneara
agus má tánaig bí an bád go raibh mo ghorsúin
innti an bád ba mó go raibh seilge aici
agus nuair a bí an gorsúin ag togainc a bhirt
air an mbád bí uaithe aon fir diass aige.

"Níl aon mhaith ionam," a deireadh sé leo mar gach aon bhád a bhíodh ag imeacht ghlaodh an captaen a bhíodh uirthi air. Ach an seachtú bád, do ghlaodar air ach dúirt sé leosan go raibh sé anso inné agus ná feacaigh aon duine acu é agus ar seisean: "Bhíos chomh mór inné agus atáim inniu agus ní raghad in éineacht le haon duine agaibh nó go dtabharfaidh mo dhuine féin an t-eiteach dom." Ní raibh an focal as a bhéal nuair a tháinig a chriú féin agus b'an-mhaith leo nár imigh sé le cois éinne agus an fear do labhair inné leis, labhair sé leis go tapaidh inniu agus d'fhiafraigh de ar ghlaoigh éinne ag iascach air ó mhaidean. Dúirt sé gur ghlaoigh agus iad go léir, "ach," ar seisean, "b'fhearr liom tusa ná a bhfuil ar an gcaladh go léir."

"Ó gan dabht, tánn tú go maith inniu, ach ní raibh aon mhaith inné ionat." Cuireadh síos an bád agus stad ná staonadh níor dheineadar go rabhadar ar bhanc éisc. Gach fear agus a dhorú féin aige agus féin mar bhíodh an dorú amuigh aige fear bhíodh breac istigh aige fear eile. Bhídís mar sin ar feadh na taoide, ach bhíodh beirt sa bhád ná cuireadh aon dorú amach mar chaithfidís sin na maidí a choimeád amuigh ag inliú i gcoinne na taoide. Tháinig an tráthnóna agus má tháinig b'í an bád go raibh mo gharsún inti an bád is mó go raibh seilg aici agus nuair a bhí an garsún ag tógaint a bhirt as an mbád bhí ualach aon fhir d'iasc aige.

207

7

Do lean sé amlaiḋ mar sin aigen ġarsún ar
feaḋ cúpla lá na ḋiaiġ sin. aċ má lean tánarg
ḟoramaḋ 7ead aigen ᵹ Capcaen ley 7 ceannidos
na laeċeanna nuair a tánadar abaile tráṫanóna
ḋúḃairt an Capcaen ley go ᵹ caiċfeaḋ sé an
ciarg a ċaiċeaṁ an Claiḃ 'ɼ go ḃfaigeaḋ sé
cion duine 'ɼ cuma liom cad a ḋéanfaḋ
arɼa an ᵹarɼún cáim ɼárca té ᵹul abaile gan
aon darg má iɼ maiṫ leat-ɼa e. ḋúḃairt un
fear do laḃair an ċead lá ná raiḃ ɼon
cearcaᵹuɼ go raiḃ an dliġe da ḃreiɼeaḋ ley an
ḃfaisméear so 7 ᵹon ḋóil ley féin na riċeaḋ
ɼon ley an ᵹ Capcaen. tánaig criú an báid go
ley ley an ᵹ Capcaen 7 caiċ un fear ɼon
ᵹiɼeaċᵹ,ɼiaɼaᵹ an ċiarɼ aᵹuɼ fuair mo ᵹaɼ—
ɼun cion fir. Cuaiḋ ᵹaċ n duine abaile
go ɼárca aᵹuɼ mo ᵹarɼúinín ċó ɼárca leo.
tánarᵹ an madian aᵹuɼ ḃi ɼé ann arīɼc
ċó maiṫ té fear Can a caoḃ ná bead náraiḃ
sé nfear áicie anoɼ aᵹuɼ cion duine do
ɼeilᵹ báid aᵹe aᵹuɼ na Paiɼméakai uilezo
ley arr a ḋeanc féin 7 ᵹo niuue arr an
ᵹ.Caoḃ Cuḋ. ámaᵹ ᵹaċ aon báid cun an
bainne aċ nuair a ḃi ᵹaċ nḃċ a ḃfearɼaɼ
cearc aᵹuɼ carᵹ a ḃreiṫ go cuṫ ni raiḃ
marḃ aigen ᵹarɼúinín aċ cúpla ḋearᵹán
ɼa naom ᵹon Cuaiḋ an dá ḋuḃán)
a ḃī arr a ḋaṫú inᵹreim Du ɼcairr 'ɼ
nárr ḃḟéidir rad aḃoᵹa

Do lean sé amhlaidh mar sin aige an ngarsún ar feadh cúpla lá ina dhiaidh sin, ach má lean, tháinig formad agus éad aige an gcaptaen leis agus ceann des na laethanna nuair a thánadar abhaile tráthnóna dúirt an captaen leis go gcaithfeadh sé an t-iasc a chaitheamh 'on chlais is go bhfaigheadh sé cion duine. ''Is cuma liom cad a dhéanfá,'' arsa an garsún, ''táim sásta le dul abhaile gan aon iasc más maith leatsa é.'' Dúirt an fear do labhair an chéad lá ná raibh san ceart agus go raibh an dlí á bhriseadh leis an bpaisinéar so agus gur dhóigh leis féin ná rithfeadh san leis an gcaptaen. Tháinig criú an bháid go léir leis an gcaptaen agus chaith an fear san éisteacht. Riaradh an t-iasc agus fuair mo gharsún cion fir. Chuaigh gach nduine abhaile go sásta agus mo ghar-súinín chomh sásta leo. Tháinig an mhaidean agus bhí sé ann aríst chomh maith le fear. Canathaobh ná beadh, ná raibh sé ina fhear áitithe anois agus cion duine de sheilg báid aige agus na paisinéaraí eile go léir ar a seans féin agus go minic ar an gcaolchuid. D'imigh gach aon bhád chun an bhainc ach nuair a bhí gach ní i bhfearas ceart agus iasc ag breith go tiubh, ní raibh marbh aigem' gharsúinín ach cúpla deargán san am gur chuaigh an dá dhubhán a bhí ar a dhorú i ngreim sa stiúir is nárbh fhéidir iad a bhogadh

gan an scúir a tógaint ac ní raib aon
t-seanc aip sin a ḋéanaṁ map sí an
Captaen féin a ḃí aip an scúip ḋá ḃpí
sin caiṫfeaḋ gaċ feap uile gan aon focal
do labaipt. Duḃaipt an japsún go raiḃ a ḋá
ġuḃán féin i ngreim sa scúip ⁊ náp ḃféidip
leiṡ iad do ḃaint aipte. Má tá appa an Cap-
taen fanaiḋiṡ ann tá sé i naom agat bucún
ḃizin a ḋéanaṁ. ní raiḃ aon focal aige aon
feap don g-cpuú ḃí ⁊oṡ aca anoiṡ náp ceapcaing
ó'n g captaen an japsún a ḃeit a ḋéanaṁ
có maiṫ ⁊ ḃí sé. ḃí an japsún boéc map
sin aip feaġ camall ṁóip ḋon lá an ḋá
na n ḋeapgan go ḟṡuipseaċ. nuaip náp ḃféidip
leiṡ an n japsún na ḋuḃán a ḃoġa aguṡ
an ṡpoċ ḃeapt ḋéanta aigen ġ Captaen
aip nuap ḋn sé aon nud aċ. Suiḋe ṡíoṡ
ḃí sé map sin aip feaġ camall ṁaiṫ ⁊
gan aon focal aige aon ḋuine ḋon g cpuú
leó. I gceann camall cad a cióḋfaiḋiṡ
ná ḋá ḃpeac ná feacfaid aon ḋuine piaṁ
annṡo aige taoḃ a ḃáid aguṡ iad síap ⁊amiap
aip feaġ camall. Uṡ ġeapp go ḃpaí an japsún
sé aguṡ caipiṡ cuige

gan an stiúir a thógaint, ach ní raibh aon tseans ar sin a dhéanamh mar is é an captaen féin a bhí ar an stiúir agus dá bhrí sin chaithfeadh gach fear eile gan aon fhocal a labhairt. Dúirt an garsún go raibh a dhá dhubhán féin i ngreim sa stiúir agus nárbh fhéidir iad a bhaint aisti. ''Má tá'' arsa an captaen ''fanaidís ann. Tá sé in am agat botún éigin a dhéanamh.'' Ní raibh aon fhocal aige aon fhear den gcriú; bhí a fhios acu anois nár theastaigh ón gcaptaen an garsún a bheith ag déanamh chomh maith is bhí sé. Bhí an garsún bocht mar sin ar feadh tamaill mhóir den lá, an dá dhubhán i ngreim agus an chuid eile ag tachtadh na ndeargán go flúirseach. Nuair nárbh fhéidir leis an ngarsún na dubháin a bhogadh agus an drochbheart déanta aige an gcaptaen air, níor dhein sé aon ní ach suí síos ar sniomna an bháid agus cromadh ar ghol. Bhí sé mar sin ar feadh tamaill mhaith agus gan aon fhocal aige aon duine den gcriú mar nár thaitin drochbheart an chaptaena leo. I gceann tamaill cad a chífidís ná an dá bhreac ná feacaigh aon duine riamh anso aige taobh an bháid agus iad siar agus aniar ar feadh tamaill. Is gearr go bhraith an garsún an dorú á tarrac as a láimh. Do léim sé agus thairrig chuige

9

Aniar an dá bpreac ceann air gach dubán
teachach gach fear agaib air an Sompla Son
arsa an fear a labair an céad lá i bpáirt
an gapsúna. Sin mar bíonn agen ndroi
béart i g-cómnaide. An rud a coimeádan
an dtal i ngreim bozan Dia is a gnásta
go tonnamar é. bí iongantas agus dul
trí chéile air an g-Crú go léir agus tánaig
cagla orta mar nár tug a leitéid amach
riam roimistin 7 bí Saizeas ampais aca go
dtiocfad rud éigin mí cheart as. té ceann
camall dúbairt an gapsún go bfearr
a beit a dul abaile mar go raib cagla
ag teacht air féin agus nár tánaig cagla
riam air ná gor cagla zeóbac Sé. Ni Raib
ach an focal páirce age nuair dúbairt
an Captaen na Seolca a tappa e faon
mbád 7 í cur a bfearras go ciub tapaid.
Ni raib Sí ac zafa aca nuair a zeal
an fappize lé zála zaoite aniar deipeac
a bí Séise na mbád zlan son usee.
bí h-oct mbáid air an mbanne 7 gach ceann
aca as cappac go dticealkac air an g-ealad
bí an bád So go raib an gapsún innci
cun cosaig camall kómpa ué má bí
nuair a bí leac Slí déanca air biual
teócan zeal í agus biual a béal
cúce í a tón anáirde.

aniar an dá bhreac, ceann ar gach dubhán. "Féachadh gach duine agaibh ar an sampla san," arsa an fear a labhair an chéad lá i bpáirt an gharsúna. "Sin mar bhíonn aige an ndrochbheart i gcónaí. An rud a choimeádann an diabhal i ngreim bogann Dia is a ghrásta go fonnmhar é." Bhí iontas agus dul trí chéile ar an gcriú go léir agus tháinig eagla orthu mar nár thit a leithéid amach riamh roime sin agus bhí saghas amhrais acu go dtiocfadh rud éigin mícheart as. Fé cheann tamaill dúirt an garsún go b'fhearr a bheith ag dul abhaile mar go raibh eagla ag teacht air féin agus nár tháinig eagla riamh air ná gur eagla a gheobhadh sé. Ní raibh ach an focal ráite aige nuair dúirt an captaen na seolta a tharrac faoin mbád agus í chur i bhfearas go tiubh tapaidh. Ní raibh sí ach gafa acu nuair a gheal an fharraige le gála gaoithe aniar díreach a bhí ag séideadh na mbád glan den uisce. Bhí hocht mbáid ar an mbanc agus gach ceann acu ag tarrac go dícheallach ar an gcaladh. Bhí an bád so go raibh an garsún inti chun tosaigh tamall rompu, ach má bhí, nuair a bhí leath slí déanta aici bhuail feothan geal í agus bhuail a béal chúichi agus a tón in airde.

nuair a connaic na báid uile cad d'imthig
uirrce sin do bainneadar féin na seolca
anuas agus do cuadar air na maidí rámha
áċ nuair a tánadar čó fada leis an mbád
uile ní raib air barr uisge rómpa aċ
amáin an garsún agus an fear a glaoid
un bád air an čéad lá. nuair a tógad
ag an uisge an beirc bí an gála a
lugú agus an fairrge ag ciúnúgad ag
son umaċ, aċ sé Crí 7 tubáisteamaċ
an sgéil air fad ná go bé droċ beart
an Capcaena fé n-dár an obair mar
ó son anuas nuair a teiđean Paisinseir
I mbád no i naoinóig faigeann sé siabial-
taċt 7 ceancaraċt ó Crí an báid 7 go
mór mór on g. Capcaén aċ Cun na
fírinne d'innsint ní bfuair an garsún
úgad aon focal ó aon duine dá raib
sa bád go raib sé aċ ó aon duine
umáin, aċ má sead bí a toppad age
mar tánaig sé saor.

Nuair a chonaic na báid eile cad d'imigh uirthi sin do bhaineadar féin na seolta anuas agus do chuadar ar na maidí rámha. Ach nuair a thánadar chomh fada leis an mbád eile ní raibh ar barr uisce rompu ach amháin an garsún agus an fear a ghlaoigh 'on bhád air an chéad lá. Nuair a tógadh as an uisce an bheirt bhí an gála ag lagú agus an fharraige ag ciúnú as sin amach, ach is é críoch agus tabhairt amach an scéil ar fad ná go b'é drochbheart an chaptaena fé ndeár an obair, mar ó shin anuas nuair a théann paisinéir i mbád nó i naomhóig faigheann sé sibhialtacht agus cneastacht ó chriú an bháid agus go mórmhór ón gcaptaen. Ach chun na fírinne d'insint ní bhfuair an garsún úd aon fhocal ó aon duine dá raibh sa bhád go raibh sé, ach ó aon duine amháin, ach más ea, bhí a thoradh aige mar tháinig sé saor.